Grenzgänger

Auf Streife am Eisernen Vorhang

Herstellung und Verlag: BoD – Books on Demand,
Norderstedt

ISBN 9783732246410

Bibliografische Information der Deutschen Nationalbibliothek

Die Deutsche Nationalbibliothek verzeichnet diese
Publikation in der Deutschen Nationalbibliografie;
detaillierte bibliografische Daten sind im Internet
über www.dnb.de abrufbar.

Vorwort

Der Herrgott wollte es so, dass der Autor nicht als Kriegskind auf die Welt kommt, weshalb er mit dessen Geburt noch bis zum 13. Mai 1945 wartete, als der Waffenstillstand von den Siegermächten gerade unterzeichnet worden war, aber ab und zu noch die Waffen rauchten und die Amerikaner gerade in seiner mittelfränkischen Marktgemeinde Markt Erlbach gegenüber seinem Geburtshaus im alten Amtsgericht Quartier bezogen hatten. Dies bedeutete für seine Eltern und ihn von vorne herein eine entbehrungsreiche und harte Zukunft.

Für die Schule hatte er anfangs weder Schuhe noch einen Schulranzen. Erst Mitte der fünfziger Jahre wurde es für ihn besser und er konnte sich zumindest bei Bauern durch Kinderarbeit sein Essen teilweise selbst verdienen. Der Besuch für eine höhere Schule blieb ihm versagt, weil seine Eltern nicht das Geld für die Fahrtkosten in die 30 Kilometer entfernte Stadt oder für Hefte und Bücher aufbringen konnten. Deshalb musste er mit 14 Jahren sein Zuhause verlassen und das Metzgerhandwerk in einem anderen Dorf erlernen, wo er Kost und „Loggie" hatte und den Eltern nicht mehr auf dem "Geldbeutel" lag. Diese harte Kindheit prägte ihn so, dass er sich schwor, irgendwann nach oben zu kommen wo er es leichter haben wird. Seine Chance kam, als er sich bei der Bayerischen Bereitschaftspolizei bewarb und nach bestandener Einstellungsprüfung am 9. März 1964 in die Kaserne nach Würzburg "einrücken" durfte.

Nach Absolvierung seiner Ausbildung zum Polizeibeamten meldete er sich zur 1967 zur Grenzpolizeistation Bad Steben im Frankenwald, unmittelbar am Eisernen Vorhang. Dort verrichtete er bis zur Wende 1989 Grenz- und allgemeinpolizeilichen Dienst am "Todesstreifen" und empfing so manchen DDR-Flüchtling in Bayern. Das freudigste Ereignis aber war die Öffnung der Grenze, wobei er bei etlichen provisorisch neu errichteten Grenzübergängen in Bauwägen, die als Dienstsstellen dienten, mit dabei war und erleben durfte, wie der Eiserne Vorhang immer mehr Löcher bekam. Mitte 1990 wurde dann seine Dienststelle in Bayerische Landespolizeistation umbenannt. Dort verrichtete er als Hauptkommissar bis zu seiner Ruhestandsversetzung im Jahr 2006 seinen Dienst.

Dieses Buch habe ich für meine Familie, Freunde und Bekannte geschrieben und vor allem für meine Enkel, damit sie erfahren, wie aus einem kleinen „Lausbuben" ein gestandener „Grenzer" am „Eisernen Vorhang" mitten in Deutschland geworden ist.

Als 1945 die Amerikaner noch Thüringen und Sachsen besetzt hatten, kam ich vier Tage nach dem Waffenstillstand im Mai 1945 in Markt Erlbach in Mittelfranken als zweites Kind eines Tagelöhnerehepaares zur Welt. Danach erblickten in unserer kleinen Zwei-Zimmer-Mietwohnung noch zwei Geschwister das Licht der Welt.

Bis zur Schulentlassung wuchsen wir zwar arm und bescheiden, aber wohl behütet auf. Bereits als Elfjähriger wurde ich an eine Bauernfamilie vergeben, um dort für Kost und Wohnung zu arbeiten. Dort musste ich in aller Früh, noch vor Unterrichtsbeginn der Volksschule Stallarbeiten und nach der Schule Feld- und Waldarbeiten verrichten und abends noch so nebenbei die Hausaufgaben machen. Zum Schulsport nachmittags durfte ich nicht, denn arbeiten war wichtiger. Nachdem ich von der Bauersfrau mit der Peitsche auf den nackten Oberkörper wegen einer Nichtigkeit geschlagen wurde, (ich sollte vom einem mit zwei Kühen bespannten Fuhrwerk absteigen, was der Bäuerin nicht schnell genug ging) lief ich barfuss davon und ging ängstlich wieder zu meinen Eltern zurück, denn ich wusste ja nicht, ob ich daheim willkommen war. Aber Gott sei Dank, nahmen sie ihren „verlorenen Sohn" wieder auf.

In den Sommermonaten sammelten wir im Wald trockenes Holz und Fichtenzapfen oder halfen den Eltern beim „Stöcke graben", Sammeln von Blaubeeren und Waldpilzen und für den Tee im Winter pflückten wir Lindenblüten und Kamillenblüten. Zudem versorgten wir mehr als 20 Stallhasen mit dem nötigen Futter, das wir uns von Wiesen oder Ackerrainen mit der Hand „rupften" und dabei mussten wir noch aufpassen, dass uns nicht die Bauern sahen.

Mit 14 Jahren wurde ich dann von meinen Eltern einem Metzgermeister in einem anderen Ort als Lehrling „versprochen". Nach dem Schulentlassungsgottesdienst im Juli 1959 wartete schon der Metzgermeister vor der Kirche und nahm mich mit. Dort erlernte ich dann drei Jahre dieses Handwerk und kam im Jahr nur ein- oder zweimal heim zu meiner Familie. Nach der erfolgreich bestandenen Gesellenprüfung suchte ich mir in der nächstgelegenen Großstadt Arbeit in meinem Beruf und fing in einer Großmetzgerei an. Mitte 1963, nach meinem 18. Geburtstag, wurde ich auf ein Inserat der Bayerischen Bereitschaftspolizei aufmerksam, in welchem um Polizeinachwuchs geworben wurde. Da zu der Zeit sowieso meine Musterung zur Bundeswehr anstand, bewarb ich mich zum Polizeidienst.

Im Herbst 1963 wurde ich dann zu einer zweitägigen Aufnahmeprüfung in ein Barackenlager der Bayer. Bereitschaftspolizei nach Nürnberg bestellt. Von den elf Prüflingen waren zehn Gymnasiasten und Realschüler und natürlich ich als einziger mit 8 Klassen Volksschule und einem Gesellenbrief als Metzger. Nach den schriftlichen Prüfungen am ersten Tag wurden fünf Bewerber wegen nicht bestandener Prüfung gleich wieder nach Hause geschickt. Der Rest durfte bleiben und hatte am nächsten Tag die sportliche-, ärztliche -und mündliche Prüfung vor sich. Nach Bestehen dieser letzten Prüfungen wurde mir bereits eröffnet, dass ich im März 1964 in die Polizeiunterkunft nach Würzburg „einrücken" darf. Am 9. März fuhr ich dann mit dem Zug nach Würzburg und stand dort auf dem Bahnhof als Achtzehnjähriger mit meinen paar Habseligkeiten in einem Pappkarton und dem Einberufungsbescheid recht ärmlich herum. Aber ich wusste mir zu helfen und ließ mich mit einem Taxi zur Polizeikaserne fahren. Nach dem   Einkleiden mit Uniformen, Unterwäsche und sogar mit einem Nachthemd wurden die Neuankömmlinge den einzelnen Zügen zugeteilt. Ich kam zum V-Krad –Zug, weshalb ich nach der Grundausbildung sofort mit der Motorradführerscheinausbildung beginnen musste und nach der bestandenen Prüfung auch eine Polizei „BMW-Maschine" zugeteilt bekam.

Der Autor als Kradmelder 1964 in der Polizeiunterkunft in Würzburg

II/1   63 150545

8 München 37, den 15. 1. 1964
Abholfach
Arcisstraße 19

Herrn
Otto O e d e r
8531 Markt Erlbach üb.Neust.a.Aisch
Windsheimer Straße 29

Betreff: Einberufung in die Bayer. Bereitschaftspolizei

Sehr geehrter Herr Oeder!

          Sie werden hiermit zur Dienstleistung bei der
Bayer. Bereitschaftspolizei einberufen und gebeten, sich

          im Laufe des 9. März 1964, spätestens bis 17 Uhr

          in der Polizeiunterkunft Würzburg, Ysenburgstr.1,

einzufinden.

          Sie werden in den Polizeidienst einberufen unter
dem Vorbehalt des Ergebnisses einer polizeiärztlichen Nach-
untersuchung und unter der Voraussetzung, daß sich bis zum
Einstellungstermin keine Tatsachen ergeben, die Sie für eine
Verwendung in der Bayerischen Bereitschaftspolizei unge-
eignet erscheinen lassen.
          Über Ihre Bezüge erhalten Sie eine gesonderte Mit-
teilung. Der erste Unterhaltszuschuß wird aus kassentech-
nischen Gründen erst eine Woche nach Dienstantritt ausbezahlt
werden können.

An Papieren sind   Zur Ergänzung Ihrer Unterla-
noch mitzubringen: gen sind weiterhin vorzulegen:

1. Steuerkarte,
2. Reisepaß oder Bundes-
   personalausweis,   ————————
3. Fahrkarte,

soweit vorhanden:

4. Flüchtlingsausweis
5. Führerschein.

                                               -/-

Einberufungsbefehl 1964

Anschließend musste ich noch den Polizei-Führerschein der Klasse 3 für Dienst-Pkw machen. Wochentags war dann von 8 Uhr bis 17 Uhr Unterricht in Verkehrsrecht, Straf- u. Beamtenrecht, Staatsbürgerkunde und noch anderen Fächern angesagt. Besonders viel Wert wurde auf Schießen, Sport sowie Selbstverteidigung, Boxen, und Schwimmen gelegt.

Jeden Mittwoch fuhren wir aber mit den Motorrädern hinaus in die Rhön oder den Spessart und wurden dabei als Kradmelder oder in der Verkehrsunfallaufnahme ausgebildet. Wenn wir dann abends wieder zurück in die heimatliche Kaserne kamen, sahen wir in unseren Kradkombis aus, als kämen wir direkt von einem Feldzug zurück. Von oben bis unten waren wir voll Dreck und Sand und zwischen den Zähnen knirschten die Sandkörner. Müde und noch voll angezogen stellten wir uns mitsamt der Motorradkleidung unter die Dusche, denn am nächsten Tag war Kleiderappell und alles musste wieder sauber sein. Nach so einer Ausfahrt schliefen wir in unserem Acht- Betten-Zimmer geräuschlos ein. Alleine schon wegen Sauerstoffmangels, denn am nächsten Morgen konnte man die Luft „schneiden".

Mittagspause irgendwo im Spessart

Nebenbei musste ich noch die Schreibma-
schinen- und Stenoprüfung ablegen. Denn
wenn man nur eine dieser Prüfungen nicht
bestand, war alles umsonst und man wurde
innerhalb von 14 Tagen ohne wenn und aber
entlassen, was ich natürlich vermeiden wollte,
da ich wusste, wie hart es draußen in der Ar-
beitswelt zuging und mir die Kaserne mittlerweile zu meinem Ersatzelternhaus geworden
war. Hier hatte ich alles, was ich brauchte: Essen, Trinken, Freunde und Kameraden. Ich
schwor mir: „Hier bleibst du dabei" und lernte
und lernte, so viel ich konnte, damit ich bei
den Zwischenprüfungen gute Noten bekam.

Nach mehr als 3 Jahren legte ich dann erfolgreich die Abschlussprüfungen für den mittleren Polizeivollzugdienst ab. Während der Ausbildung wurde ich 1965 zu einem drei Monate dauernden Praktikum zur damaligen Bayer. Grenzpolizeistation nach Lichtenberg in den Frankenwald abgeordnet, wo ich erste Schritte im Außendienst an der „Ostzonengrenze" kennen lernen durfte.

Erster Schneefall im Oktober 1965, links der
Autor vor dem Streifenwagen auf dem
Marktplatz in Lichtenberg

Die Doppel-Streifen wurden Tag und Nacht
entlang der Zonengrenze überwiegend zu Fuß
bei jedem Wetter durchgeführt. Die alten,
weltkriegserfahrenen „Grenzer" lernten mir

erst einmal das „Streifegehen", indem sie mir den Tipp gaben, dass man so laufen muss, dass sich die Mantelspitzen nicht bewegen dürften. Nachts hörte man in den Wäldern die Grenzsoldaten der Nationalen Volksarmee der Ostzone in ihren Erdpunkern sich unterhalten, denn die Entfernung zu ihnen betrug oftmals landschaftsbedingt nur ca. 5 bis 25 Meter.

Entlang unseres Dienstbereiches waren zwischen Bayern und dem „Eisernen Vorhang" lauter natürliche Wassergrenzen, wie z.B. die Thüringische und die Fränkische Muschwitz, die Selbitz und die Saale. Da in jener Zeit die Bayer. Grenzpolizei noch keine tragbaren Funkgeräte besaß und wir deshalb auf Streife keinen Kontakt zu unserer Polizeistation hatten (was manchmal ganz gut war), waren „Punktzeiten" einzuhalten, d.h. man hatte bestimmte, meistens markante Punkte in der Landschaft anzulaufen und musste sich dort ca. 30 Minuten postieren. Nur dort konnte dann eine andere Streife oder der Dienststellenleiter uns antreffen und kontrollieren, was öfter auch geschah. Wehe, wenn man diese Punktzeiten nicht einhielt. Das war schon fast wie ein Wachvergehen.

Manche Punkte waren sehr gut für uns. Einer davon war in einem kleinen Ort mit nur einem Wirtshaus, genau vor dieser Wirtschaft hatten wir zu postieren und von der Wirtsstube aus hatten wir freie Sicht bis zum Ortsrand von Bad Steben. Kam dann der Polizeichef mit dem VW-Käfer-Polizeiauto zur Kontrolle angefahren, sah man schon vom Wirthaus aus eine Staubwolke auf uns zukommen, denn die Straße zu diesem Ort war noch nicht befestigt. Also stellte man sich in aller Ruhe vor das Wirtshaus und wartete ruhig ab, was da kommen mag. Nach unserer Meldung an den Vorgesetzten „Keine besonderen Vorkommisse" fuhr der zufrieden wieder weg und wir konnten zurück in die warme und trockene Gaststube.

Natürlich hatten wir im Fußgrenzdienst guten Kontakt zur Bevölkerung und erhielten von ihr manchen Tipp und Hinweise, was in der heutigen Zeit leider verloren gegangen ist. Ich lernte gleich, dass für den Polizeiberuf drei Dinge wichtig sind und zwar „sehen, hören und mit der Bevölkerung kommunizieren". Diese drei Monate Praktikum bei der Grenzpolizei im Frankenwald haben mich dann so geprägt, dass ich mich mit dem Gedanken trug, später nach der Ausbildung evtl. zu diesem Polizeiverband zu wechseln, denn der Umgang mit den Einheimischen und in der Natur sein zu dürfen gefielen mir. Keinesfalls wollte ich ein Stadtpolizist z.B. in München etc. werden.

Außerdem lernte ich in dieser Zeit ein „Frankenwaldmädchen" kennen und lieben, was natürlich meine Gedanken und spätere Entscheidung für die Grenzpolizei bestimmt auch beeinflusste.

Dann im Herbst 1965 kam die Zeit, da das Praktikum wieder zu Ende war und ich Abschied nehmen musste von meinen Kollegen der Bayerischen Grenzpolizei, meiner Freundin und dem wunderbaren Frankenwald.

Etwas reifer geworden kehrte ich wieder in wärmere Gefilde zurück in meine Polizeiunterkunft nach Würzburg, wo der Ausbildungsalltag wieder seinen Lauf nahm.

Bereits vor dem Ende der Ausbildung und der Abschlussprüfungen „schlichen" im Kasernengelände schon sogenannte „Werber" für die Land-, Stadt-, Wasserschutz-, Bereitschafts-, und Grenzpolizei herum um uns zu ihren Verbänden zu werben. Obwohl sie die schönsten Geschenke, wie z.B. günstige Miet-Staatswohnungen am Dienstort oder Dienst auf dem Motorboot der Wasserschutzpolizeien auf dem Bodensee oder dem Rhein-Main-

Donaukanal oder bei der Grenzpolizei am Flughafen München oder Grenzdienst an der österreichischen Grenze in den Alpen anboten, entschied ich mich für den Dienst an der Zonengrenze im Frankenwald und bewarb mich zur Grenzpolizeistation Bad Steben. Nach bestandener Prüfung verließ ich Würzburg mit meinem alten VW-Käfer, Bauj. 1954, in Richtung Frankenwald. Dabei hatte ich mein ganzes Hab und Gut, das da war: Eine Loseblattsammlung an Gesetzen, eine Olympia-Kofferschreibmaschine, die ich mir für 420 DM, entsprechend zwei Monatsgehältern, zum Lernen des Maschinenschreibens hatte kaufen müssen, und was ich an Klamotten besaß. Mehr hatte ich nicht, aber die Zusage eines sicheren Arbeitsplatzes als Beamter auf Probe.

Im Juni 1967 trat ich dann meinen Dienst bei der Grenzpolizeistation Bad Steben, direkt am „Eisernen Vorhang", als voll ausgebildeter Polizeibeamter an und heiratete dort einen Monat später meine Freundin und Verlobte

Ehemalige durch die Grenzziehung unterb-
rochene Bahntrasse bei Lichtenberg, Ortsteil
Blechschmiedtenhammer

aus dem gleichen Ort. Ein Jahr später kam natürlich, wie sollte es anderes sein, während ich Nachtdienst hatte, zu Hause unser Sohn auf die Welt und ich war nicht dabei. Zwei Jahre danach war ich bei der Geburt unserer Tochter dann doch mit dabei und war die „rechte Hand" der Hebamme. So musste ich auf dem Ofen Wasser heiß machen usw. Unsere Kinder wuchsen dann natürlich mit dieser schrecklichen Grenze auf.

Von der Dienstverrichtung her hatte sich nicht viel geändert und die Streifen wurden nach wie vor überwiegend zu Fuß gelaufen, aber die Dienststelle hatte auch schon einen VW-Käfer ohne Funkgerät als Streifenwagen, der aber nur selten eingesetzt wurde. Die Benzineinteilung dafür war pro Monat etwa 150 Liter bei einem Verbrauch von durchschnittlich 20 Liter auf 100 km Kurzstrecke. Da wir bei einer Streifendauer von 6 Stunden nur bis zu 20 km fahren durften, war es im Winter nicht möglich, den Streifenwagen einigermaßen warm zu bringen. Aber wir waren erfinderisch und hatten außerhalb von Bad Steben eine Feldwegkreuzung, wo ganz selten jemand vorbeikam. Dort legten wir den Rückwärtsgang ein und fuhren immer im Kreis herum, wobei der Tacho tatsächlich die gefahrenen Kilometer rückwärts abspulte und es dabei im Wagen angenehm warm wurde, jedoch der Spritverbrauch natürlich enorm stieg. Der ältere Kollege, welcher dann am Monatsende die Benzinabrechnung machte, wunderte sich jedes Mal darüber, dass der VW-Käfer wieder soviel „gesoffen" hatte.

Der Autor 1967 an der Zonengrenze bei der Krötenmühle, Gde. Bad Steben, auf Streife. Dahinter der Grenzbach Muschwitz und der verminte Todesstreifen

An Bewaffnung führten wir damals unsere 7,65- mm- Pistole, eine 9- mm- Maschinen-Pistole, Gummiknüppel und Handschellen mit. Bei Fußstreifen hatten wir zusätzlich noch eine Meldetasche mit Fahndungsunterlagen usw. dabei. Zur Sicherung der Landesgrenze waren außerdem noch der Zoll, der Bundes-grenzschutz und die US-Armee eingesetzt. In bestimmten Abständen fuhren wir zusammen mit den Amerikanern in deren Jeeps Doppel-streifen, was für Abwechslung sorgte. Sie stell-ten uns auch Nachtsichtgeräte zur Verfügung, mit denen man bei stockfinsterer Nacht Perso-nen oder Tiere erkennen konnte und auch oh-ne Licht sich mit dem Streifenwagen der Grenze nähern konnte. Bei so einer Nachtstrei-fe kam uns am Ortsrand eines kleinen Dorfes gegen Mitternacht eine Frau aus Richtung Grenze entgegengelaufen. Da sie uns verdäch-tig vorkam und ein etwas südländisches Aus-sehen hatte, hielten wir sie an. Auf Befragen, was sie mitten in der Nacht im Zollgrenzge-biet mache, sagte sie, dass sie im Gemein-schaftsgefrierhaus des Dorfes noch schnell einen Schweinebraten holen wollte. Da wir ihr dies zu so später Stunde nicht glauben wollten und sie sich außerdem nicht ausweisen konn-te, nahmen wir sie fest und fuhren mit ihr zu ihrer Wohnung. Dort bestätige ihr Ehemann die Angaben seiner Frau und nachdem ihre Identität zweifelsfrei nach Überprüfung des Personalausweises feststand, war die „Festnahme" beendet. Dabei ist anzumerken, dass Personen, die sich im „Zollgrenzgebiet" befanden, jederzeit und ohne Grund kontrolliert werden konnten. Das „Zoll-Grenzgebiet „ war ein Streifen entlang der Zonengrenze mit einer Tiefe von 30 km und das Wort „Zoll-Grenzgebiet" stand auf jeder Ortstafel.

Natürlich gab es auch allzu menschliche Anekdoten. Ich habe so manches „Schäferstündchen" im Schutze der Grenze miterlebt, wovon der andere Ehepartner nichts wusste, denn die Kontrollen mussten sein. Schließlich hätte es ein Spionagepärchen sein können, in Wirklichkeit stellte es sich heraus, dass es sich fast immer um ein Paar beim außerehelichen „Techtelmechtel" handelte. Zuvor hatte ich an die angelaufenen Autofenster geklopft, die Personen- und Fahrzeugkontrolle angekündigt und hinzugefügt, dass sie sich Zeit lassen können. Wenn ich dann heute noch manche Einheimische von denen treffe, lache ich innerlich immer noch und glaube bei einigen auch ein „verstohlenes" Lächeln zu erkennen.

Wir waren allgemeinpolizeilich, d.h. zur Unterbindung, Verhütung und Verfolgung von Straftaten oder Übertretungen und der Gefahrenabwehr zuständig und zusätzlich noch mit der Überwachung der Zonengrenze beauftragt. Hatten wir z.B. einen Verkehrsunfall, einen Einbruch, einen Selbstmord oder auch nur eine „häusliche Gewalt" zu bearbeiten, so waren wir „Landpolizisten", kam uns danach dann ein Flüchtling entgegen oder nahmen wir ein Vorkommnis an der Zonengrenze oder eine Grenzverletzung wahr, so waren wir dann „Grenzer".

Als ich hier anfing waren nur zwei Reihen „Spanische Reiter" mit Stacheldraht parallel zum Grenzverlauf, 20 bis 30 m voneinander entfernt aufgestellt und ein 10 m breiter Kontrollstreifen angelegt. Der Zwischenbereich war durch Spreng- und Splitterminen gesichert, die bei Druckbelastung oder beim Durchlaufen von dünn gespannten Drähten hoch gingen, um den „Grenzverletzer" zu stoppen. In gewissen Abständen waren Erdbeobachtungspunker mit Reisig getarnt in der Landschaft versteckt. Sie dienten zur verdeckten Observation des Geländes diesseits und jenseits der Grenze.

Um Fluchten mit Autos oder Lastkraftwagen zu stoppen, wurde ab 1966 ein Kfz-Sperrgraben angelegt. Durch diesen ca. 1,50 m breiten Graben mit schräg verlegten Betonplatten war auch diese Fluchtmöglichkeit genommen. Gleichzeitig wurde der bis dahin unbefestigte Kolonnenweg mit Betonplatten ausgebaut und nach und nach ein drei hoher Metallgitterzaun aufgestellt. Direkt dahinter verlief dann der 6 m breite, geeggte Kontrollstreifen, der bei jeder Streife abgelaufen werden musste, um festzustellen, ob ein Schuhabdruck eines Flüchtlings vorhanden war. Da in Blankenstein entlang des Selbitzufers wegen der nahen Bebauung, die bewohnten Häuser standen unmittelbar an der Grenze, keine Minen verlegt worden waren, wurde statt des Metallgitterzaunes eine 3 m hohe Betonmauer mit oben aufgesetztem Betonrohr (gleiche Bauweise wie die Berliner Mauer) von Pionieren der Grenztruppen gebaut. Entlang dieser Mauer wurden Hundelaufanlagen mit Schäferhunden errichtet. An den ca. 80 m langen Laufseilen konnten sich die Wachhunde nur in diesem Grenzabschnitt bewegen. Etwa ein Jahr später wurden die ersten Betonbeobachtungstürme in Sichtweite aufgestellt. Auf einem Betonfundament waren mehrere Betonringe aufeinander gestapelt und am oberen Ende war eine achteckige Beobachtungskanzel mit Ausstellfenstern, Schießscharten und Suchscheinwerfern. Diese so genannten B-Türme waren teilweise von uns nur einen Steinwurf entfernt und Tag und Nacht mit zwei Soldaten besetzt.

Ab Herbst 1970 wurden die Selbstschuss-Apparate (auch als SM -70 bekannt), versetzt in drei Reihen, vertikal am Grenzzaun montiert. Sie waren mit drei Spanndrähten verbunden, von denen jeder eine eigene Funktion hatte. Zwei davon dienten zur Wild- und Vogelabweisung und der mittlere Draht war der eigentliche „Auslöser". Wurde dieser von einem Flüchtling berührt, wurde eine Explosion ausgelöst und dabei Metallsplitter bis zu einer Entfernung von 120 m herausgeschleudert, wobei es zu tödlichen Verletzungen kommen konnte. Zusätzlich zeigte eine Schaltanzeige im mit Offizieren besetzten Führungsturm Alarm an.

Aufgrund von Verhandlungen mit der Bundesrepublik begann die DDR im Herbst 1983 mit der Entfernung aller Boden- und Splitterminen, was bis Okt. 1985 dauerte. 1984 erfolgte dann auf Druck der Bundesregierung der Abbau der Selbstschussanlagen SM-70, welche heimlich verschrottet wurden. Der Streckmetallzaun hatte in bestimmten Abständen auch Durchlasstore, um bei missglückten Fluchten die verletzten Menschen zu bergen und festzunehmen. Auch waren an besonderen Stellen die Befestigungsschrauben der Platten nur mit der Hand angezogen, so dass sie bei Schleusungen von Spionen von Angehörigen der Stasi leicht abmontiert werden konnten.

Der Grenzverlauf an der geschichtsträchtigen Gegend entlang des „Sperrgürtels" war die ehemalige Landesgrenze zwischen Bayern und Thüringen. Er wurde durch die alten Grenzsteine markiert. Oben stand eingemeißelt: „KB" für Königreich Bayern und „FR" für Fürstentum Reuss. Die Grenzpfähle der Bayerischen Grenzpolizei waren weiß-blau und die der DDR hatten die Farben Schwarz-Rot-Gold und das Emblem der DDR. Die DDR-Grenzsäulen waren 3 – 5 m vom eigentlichen Grenzverlauf zurückgesetzt.

Ehemalige Bahnlinie Lichtenberg-
Blankenstein/Thüringen

Heute ist der ehemalige „Todesstreifen"
Landschaftsschutzgebiet. Auf ihm verläuft
quer durch Deutschland das „Grüne Band" bis
zur Ostsee. In Blankenstein/Thür. beginnt der
legendäre „Rennsteig", welcher nun wieder
bis hinter Eisenach bewandert werden kann.
Zudem befindet sich hier das Wander-
Drehkreuz des Frankenweges, des Fränki-
schen Gebirgsweges und des Rennsteiges.

Die Bewohner des 5- km- Sperrgebietes hatten in ihrem Ausweis einen Stempel, der sie
dazu befugte, in dieses aus- und wieder einzureisen.

Leben innerhalb der fünf km Sperrzone im Grenzgebiet der DDR

Entlang der fünf km Sperrzone waren Straßensperren mit Kontrollpunkten eingerichtet die ständig von Volkspolizisten besetzt waren. Diese kontrollierten sehr genau und auch schikanös und es konnte nur der passieren, der einen gültigen Passierschein vorzeigen konnte. Der Besuch von Verwandten, die außerhalb des Sperrgebietes lebten, war nur möglich, wenn ein Bewohner im Sperrgebiet für diese einen Passierschein zum vorübergehenden Aufenthalt beantragte und nach viel bürokratischem Aufwand auch bekam. Ohne einen solchen Schein war kein Besuch im Sperrgebiet möglich, nicht einmal zu einer Beerdigung. Nichtverwandten war es überhaupt nicht möglich, in das Sperrgebiet einzureisen. Aber die Grenzbewohner waren auch da erfinderisch, ein ehemaliger Grenzsoldat, und jetzt mein guter Freund Günther H. aus Sch. erzählte mir, dass er aus seiner Heimat, dem Spreewald, zur Ableistung seines Wehrdienstes an die Südthüringische Grenze einberufen wurde.

Dort heiratete er ein einheimisches Mädchen aus dem Sperrbezirk und nahm dort auch seinen Wohnsitz. Da ihn im Sperrbezirk aber niemals seine Schulkameraden und alte Freunde besuchen konnten, ließ er seine Kinder im Blankensteiner Kulturhaus „sozialistisch taufen", d.h. die Kinder wurden nicht von einem Pfarrer, sondern vom Parteisekretär getauft und als Paten gab er jeweils einen Schulkameraden oder Freund an. Somit konnten auch diese ihn im Sperrbereich besuchen.

Des Weiteren gab es Engpässe in der Versorgung mit Lebensmittel und Konsumgütern. In den HO-Läden gab es überwiegend selbst erzeugte Lebensmittel. Ganz selten waren Südfrüchte zu bekommen. Gab es dennoch ab und zu solche, bildete sich sofort eine „sozialistische Warteschlange" und „Werktätige" verließen dafür schon mal ihren Arbeitsplatz. Aber dafür waren die Grundnahrungsmittel sehr billig, so kostete ein Zweipfünder Brot nur 59 Pfennig, was dazu führte, dass Brot an Haustiere verfüttert wurde und dann z.B. die damit gefütterten Stallhasen nicht selbst gegessen wurden, sondern an die HO-Geschäfte verkauft wurden, weil man durch die staatlich festgesetzten Preise dafür viel Geld bekam. Dann kaufte man den eigenen Stallhasen zum vom Staat subventionierten niedrigen Preis wieder günstig zurück. Da auch andere Güter sehr knapp waren, entstand ein reger Tauschhandel. In Tageszeitungen konnte man schon lesen: „Tausche Fliesen gegen Badewanne".

In Blankenstein stand unmittelbar am Ufer des Grenzflusses der Selbitz die Firma Kontex und wir konnten vom Ufer aus direkt in die Fertigungsräume reinschauen. In dieser Fabrik wurden für den „Westen" Damenoberbekleidung für Kaufhof, Quelle, etc. gefertigt und dann von der staatseigenen Speditionsfirma „Deutrans" verladen und zu uns transportiert. Gleich daneben unmittelbar am Saaleufer befand sich die Papierfabrik „Rosenthal", in der zu DDR-Zeiten etwa 1300 Personen beschäftigt waren. Es handelte sich dabei um die größte Papierfabrik der DDR.

Durch den Ausbau der Grenzanlagen wurden 1972 in Blankenstein mehr als zehn Häuser abgerissen und die Bewohner umgesiedelt. Manchmal erfuhren es die Hausbesitzer erst kurz zuvor. Einmal kamen die Pioniere der Grenztruppen mit ihren Planierraupen durch einen Vorgarten gefahren und ich sah, wie die alte Hausbesitzerin gerade noch einige Blumen retten konnte und sich danach die Planierraupe den Weg durch ihre Blumenbeete

bahnte, wo dann Tage später die Mauer aufgestellt wurde.

Heute sieht man davon nichts mehr und an
Stelle der „geschleiften" Häuser befindet sich
dort   nun ein Einkaufsmarkt mit großem
Parkplatz.

Fluchten aus der DDR in
den „Goldenen Westen"

Bis zur Grenzöffnung 1989 verließen von
den ca. 17 Millionen Ostdeutschen rund 3,5
Millionen den SED-Staat. Über die „Grüne
Grenze" flohen bis 1988 rund 38.000 DDR-
Bürger, wovon 2.344 Personen Soldaten der
NVA-Grenztruppen waren.

Vom Mauerbau 1961 bis 1989 sind ca. 75.000
Fluchten misslungen und ca. 60.000 Fluchtplä-
ne wurden bereits im Vorfeld aufgedeckt und
die Betroffenen hart bestraft.

Wie viele Menschen an der innerdeutschen
Grenze und an der Berliner Mauer gestorben
sind, ist nicht genau bekannt.

Aus untersuchten Fällen sind fünf Gruppen bekannt:

- Personen, die bei einem Fluchtversuch von bewaffneten Organen der DDR oder durch die Grenzeinrichtungen getötet wurden,

- Personen, die bei einem Fluchtversuch im Grenzgebiet durch einen Unfall starben,

- Personen, die im Bereich der Grenze starben und für deren Tod staatliche Organe der DDR durch Handeln oder Unterlassen verantwortlich waren,

- Personen, die durch oder bei Handlungen der Grenzorgane zu Tode kamen,

- Grenzsoldaten, die bei einer Fluchtaktion im Grenzgebiet getötet wurden.

Die ersten Dienstjahre kamen fast wöchentlich Flüchtlinge aus der Ostzone zu uns und meistens während des Nachtdienstes und sie waren klitschnass, da sie ja nach Bayern hin die natürlichen Wassergrenzen überwinden mussten. Zu dieser Zeit bestand die Grenzsicherung bei Blankenstein nur aus ca. 80 cm hohen „Spanischen Reitern" und einigen Wachtürmen, da dort wegen der grenznahen Bebauung, die Häuser der Ortschaft gingen fast bis zu den Grenzflüssen, keine Minen verlegt worden waren.

War die Flucht geglückt, liefen die Flüchtlinge meistens zum nächsten Anwesen und baten um Verständigung der Polizei oder sie wurden während der Streife von uns aufgegriffen. Auf unserer Polizeistation kleideten wir sie zuerst mal mit trockener Kleidung ein, (von uns gespendet, nicht vom Staat bezahlt) und gaben ihnen zu trinken. Nach Feststellung der Identität, des Fluchtgrundes, der schriftlichen Vernehmung wurde ein „Aufgriffs-Bericht" geschrieben. Als Fluchtgrund gaben die Flüchtlinge überwiegend die politischen und wirtschaftlichen Verhältnisse an.

Viele hatten in Folie eingewickelt ihre DDR-Personalausweise, Führerscheine oder andere Dokumente bei sich, was uns die Sachbearbeitung leichter machte. Hatte ein Flüchtling in der Bundesrepublik Verwandte, so wurde die Flucht der dortigen Polizei per Fernschreiber mitgeteilt mit der Bitte, diese zu befragen, ob sie bereit wären den Flüchtling aufzunehmen. Waren diese nicht bereit ihn aufzunehmen oder hatte er Niemanden, so wurde er ins Aufnahmelager in Gießen weitergeleitet, wo er vorerst Unterkunft fand.

Geflohene Uniformierte, wie Soldaten der Grenztruppen der NVA oder Soldaten der Sowjetarmee, wurden von uns mitsamt ihren Waffen an die Kripo der Grenzpolizei in Hof und von dort anschließend einer zivilen militärischen Einheit der Amerikaner zugeführt. Wobei eventuell wichtige nachrichtendienstliche Erkenntnisse gesammelt und ausgewertet werden konnten. Wie viele Flüchtlinge es nicht geschafft haben und noch vor dem Erreichen der Grenzanlagen festgenommen und verhaftet wurden, ist nicht bekannt.

War dann der Flüchtling erst einmal bei uns in Sicherheit, begleitete er uns zu seiner Grenzübertrittsstelle, wo dann inzwischen sehr oft schon die Grenzorgane der DDR anwesend waren und den „Tatort" fotografisch, spurentechnisch usw. aufnahmen, da es sich ja nach dem Strafgesetzbuch der DDR um eine Straftat handelte. Dabei wurde auch ich von ihnen öfters mit Teleobjektiv fotografiert, da ich in ihren Augen ja ein potentieller „Fluchthelfer" war. In manchen Fällen, wo sie sich noch nicht sicher waren, ob der Flüchtling bereits Bayern erreicht hatte, wurde sofort Grenzalarm ausgelöst und eine „Grenzabriegelung" aufgestellt. Wir konnten dies daran erkennen, dass auf einer Länge von 500 bis 1000 Metern Hunderte von Soldaten, immer auf Sichtweite zueinander, standen, um den evtl. ankommenden „Grenzverletzer" festzu-nehmen.

Die Flucht des Axel S.

Am 18. Dezember 1987 hatte ich ab 19.00 Uhr Nachtdienst. Axel S. arbeitete zu dieser Zeit in der Papierfabrik Rosenthal in Blankenstein, die direkt am Grenzfluss, der Saale, liegt. Er wartete, bis es dunkel wurde, und verließ dann seinen Arbeitsplatz. Zu dieser Zeit lag Schnee und die Grenzanlagen waren hell ausgeleuchtet. Auch war ihm bekannt, dass sich unter der Brücke der Saale scharfe Hunde an Hundelaufanlagen befanden. Ihm war auch aufgefallen, dass an diesem Tag der Siebrechen über der Saale wegen Eisganges hochgeklappt war, da schon tagelang Eisgang war. Er wählte diesen Abschnitt der Grenze für seine Flucht, weil er sich dachte, dass die Grenzsoldaten nicht damit rechneten, dass mitten im Dorf jemand versuchen würde eine Flucht zu wagen.

Im Schutz der Dunkelheit schlich er zum Wehr. Seine Ausweise und Dokumente hatte er in einer Plastiktüte in einem Brustbeutel. Außerdem hatte er Taucherflossen dabei. Er bemerkte sofort, dass die Strömung in Richtung DDR sehr stark war, und zog deshalb die Taucherflossen an. Im Wasser tauchte er sofort wegen des hellen Lichtes der Scheinwerfer und der bellenden Hunde unter und schwamm im eiskalten Wasser in Richtung Selbitzeinmündung.

Für ihn war auch von Vorteil, dass das Wasser sehr dreckig war und ihn so die Grenzsoldaten schlechter erkennen konnten. Nachdem er die Selbitz erreicht hatte, wurde das Wasser immer flacher, weshalb er sich dann in Rückenlage begab und sich mit Fersen und Händen direkt unterhalb eines Wachtturmes vorbei weiter fort bewegte, bis er das rettende bayerische Ufer erreichte. An der dortigen Landstraße versuchte er zunächst vorbeifahrende Autofahrer auf sich aufmerksam zu machen. Da kein Autofahrer anhielt und er tropfnass war, begab er sich zum nächsten Haus in Unterwolfstein und bat um Hilfe.

Dort gab er sich als Flüchtling der DDR aus und wurde gleich unter die warme Dusche gestellt. Der Hausbesitzer verständigte in der

Zwischenzeit unsere Dienststelle und zusammen mit einem Kollegen holte ich den Flüchtling ab. Als Fluchtgrund gab er dann auf der Wache die wirtschaftlichen und politischen Verhältnisse in der DDR an.

Nach Flucht aus der DDR Lkw „geklaut"

Die Papierfabrik in Blankenstein ließ sich einen riesigen Kamin aus Klinkersteinen mauern. Für diese Bauarbeiten wurden aus der gesamten DDR Spezialkaminmaurer herangeschafft. Je höher die Maurer mit dem Bauwerk kamen, desto besser konnten sie von oben die unter sich verlaufende Staatsgrenze einsehen und die Streifentätigkeit der DDR-Grenzorgane beobachten.

Nachdem ein Maurer die Streifengänge genau analysiert hatte, wagte er die Flucht durch die Saale, denn er wusste, dass es wieder dauert, bis die nächste Streife kommen wird. Als dann die „Luft rein" war, schwamm er durch die Saale und erreichte unverletzt die bayerische Seite. Dort befand sich zu dieser

Zeit eine Straßenbaustelle und die Arbeiter hatten bereits Feierabend.

Nachdem er einen Baustellenlastwagen „kurzgeschlossen" hatte, fuhr er mit diesem Gefährt bis nach Bayreuth und meldete sich bei der dortigen Polizeidienststelle als Flüchtling aus der DDR. Zur Sachbearbeitung wurde er uns überstellt. Bei der Befragung, warum er den Lkw unbefugt genommen habe, gab er an, dass er erst einmal so weit wie möglich von der Grenze weg sein wollte. Strafrechtlich lag ja kein Diebstahl vor, da er sich den Lastkraftwagen nicht rechtswidrig zueignen wollte, sondern nur zur Flucht benutzte. Deshalb handelte es sich nur um eine „unbefugte Gebrauchnahme eines Kraftfahrzeuges", wofür ein Strafantrag der Baufirma nötig gewesen wäre. Nachdem die Firma den Beruf des Flüchtlings erfahren hatte, stellte sie keinen Strafantrag und verzichtete auf die Strafverfolgung. Das Gegenteil war der Fall. Er wurde sofort als Spezialmaurer bei ihnen eingestellt.

DDR Grenzer schießen auf Flüchtlinge

Die letzte mir bekannte Flucht mit Schusswaffengebrauch durch Angehörige der Grenztruppen geschah, soweit ich mich erinnern kann, noch im letzten Jahr der DDR-Diktatur am 6. Januar 1989, an der Brücke über die Saale bei Blankenstein, wo die Selbitz in die Saale fließt. Damals versuchten zwei Pärchen durch die eiskalte Saale das bayerische Ufer schwimmend zu erreichen und wurden dabei von Grenzsoldaten beschossen. Während ein Paar das rettende bayerische Ufer erreichte, wurden die anderen beiden Personen angeschossen und verletzt auf DDR-Gebiet liegengelassen. Erst nach ca. einer Stunde Liegezeit in der Eiseskälte wurden die verletzten Flüchtlinge mit einem Militärfahrzeug abtransportiert.

Beim Streifendienst wurde ich von Passanten schon einmal befragt, was meine Meinung dazu ist, wie lange die Grenze noch bestehen würde. Meine Antwort dazu war immer, dass nichts ewigen Bestand hat, denn die Türken kamen nur bis nach Wien, die Römer bis zum Limes und die Nazis glaubten gar an ein 1000 jähriges Reich, was aber nur 12 Jahre dauerte und genau so wird eines Tages der „Eiserne Vorhang" der Vergangenheit angehören und die menschenverachtende Grenze fallen und wir können wieder hier am Beginn des Rennsteiges in Blankenstein auf dessen Höhen wandern. Um später meinen Enkeln glaubhaft zu machen, dass auch ich hier auf „Wache" stand, verewigte ich mich 1978 mit meinen Initialen in einem frischen Betonfundament an der Kreisstrasse bei Blankenstein/Thür., denn heute ist dort von der unmenschlichen Grenze nichts mehr vorhanden und man steht mitten in Europa.

Als dann 1989 die Grenze durchlässiger wurde und Außenminister Genscher in Prag den DDR-Bürgern die Ausreise bekannt gab, kamen die ersten mit DDR-Bürgern überladenen Züge aus Prag bei uns am Hofer Hauptbahnhof an und die Menschen wurden von den Hilfsorganisationen und auch von der Bayer. Grenzpolizei versorgt. Von der hiesigen Bevölkerung wurden Nahrungsmittel, Bekleidung und Wohnraum zur Verfügung gestellt.

Für uns bedeutete dies viele Überstunden, da den Menschen geholfen werden musste, denn sie hatten ja nur war das, was sie am Leibe trugen.

Zu dieser Zeit ließen die DDR- Grenzer auch schon die ersten Menschen mit ihren Autos nach Bayern für einen Tagesausflug ausreisen, und ich lernte an einem Sonntag einen Mann aus Zwickau kennen, der mit seinem „Wartburg" uns in Lichtenberg aufsuchte und abends wieder „rüber" musste, da er dies dem DDR-Grenzer versprochen hatte.

Die erste große Ausreisewelle kam dann im November 1989 über die Autobahn A 9 vom Grenzübergang Hirschberg nach Rudolphstein. Dann wurde ich dorthin zur Verstärkung des Grenzüberganges zusammen mit anderen Polizeikollegen abgeordnet. Bereits auf der Hinfahrt sah ich schon aus ca. 2 km Entfernung die in blauen Abgasen von Zweitaktern eingehüllte Autoschlage, die auf DDR-Gebiet so weit man schauen konnte, zurückreichte. Die Ausreisenden kamen in solchen Massen, dass eine Personen- oder Fahrzeugkontrolle nicht mehr durchgeführt wurde. Obwohl man es vor Autoabgasen fast nicht mehr aushalten konnte, wurden die DDR-Bürger auf bayerischer Seite von den „Franken" mit Bananen, Tee und Glühwein herzlich begrüßt, wobei manche Träne floss. Das war dann hier in unserem Dienstbereich der erste geöffnete Grenzübergang. Von da an hatte ich im Dienst immer einige Bananen und etwas Schokolade in meinem Aktenkoffer dabei, um es an Kinder zu verteilen, wenn z.B. der Trabi liegen blieb und der Papa stundenlang reparierte. Ab diesem Zeitpunkt waren dann die Gemeinde- und Stadtverwaltungen mit dem Auszahlen des Begrüßungsgeldes von 100 DM für jeden DDR-Bürger total gefordert. Der Hofer Oberbürgermeister holte mehrmals am Tag in einer Plastiktüte bis zu einer Million DM vom der Landeszentralbank Hof ab und brachte das Geld ohne irgendeine Bewachung in das Rathaus.

Während des Nachtdienstes am Grenzübergang Rudolphstein erhielt ich gegen Mitternacht den Befehl, zur Landesgrenze an die B 173 bei Ullitz zu fahren, da der Grenzpolizeiinspektion Hof Erkenntnisse vorliegen würden, dass noch in dieser Nacht die Grenze von Plauen in Richtung Hof aufgemacht werden soll. Gegen Mitternacht postierte ich mich mit meinem Kollegen zu der besagten Stelle an der Grenze. Dort stand einsam und verlassen ein allein stehendes Haus. Nach einiger Zeit öffnete die Hausbesitzerin das Fenster und fragte uns, ob etwas los sei, da sonst nur sehr selten bei ihr am Ende der Welt Polizeistreifen vorbeischauen. Wir gaben ihr zu verstehen, dass

vermutlich noch heute Nacht die Grenze aufgemacht werden soll. Dies wollte die alte Frau,
die nun schon seit 45 Jahren am äußersten Ende von Bayern wohnte und deren Garten direkt an die Zonengrenze angrenzte, natürlich
nicht wahrhaben. Wir gaben ihr noch den Rat,
die Fenster zu schließen, denn wenn die ersten „Trabis" anrollen würden, bräuchte sie
wegen der Zweitakterabgase bestimmt eine
Gasmaske. Von unserem Standort aus sah man
schon hinter dem Streckmetallzaun in Richtung Plauen mehrere Kilometer weit die stehenden Autos mit eingeschalteten Scheinwer-
fern, die in den Westen fahren wollten. Dann
im Morgengrauen des 12. November 1989
kamen Pioniere der DDR-Grenztruppen und
schnitten mit Schweißbrennern den Zaun auf
und schütteten Schotter über den „Todesstreifen". Sofort setzte sich der Fahrzeugkonvoi in
Richtung Hof in Bewegung.

Nach dem Ende unseres Einsatzes fuhren
wir durch Hof zurück zu unserer Dienststelle.
Obwohl es noch finster und sehr kalt war,
standen vor dem Hofer Rathaus schon wieder
Schlangen von Menschen, die über den bereits
geöffneten Übergang an der A9 ausgereist
waren, um sich ihr Begrüßungsgeld abzuho-
len.

Auch vor den Rathäusern in den anderen Gemeinden standen sie in ihrer „sozialistischen Warteschlange", so wie sie es von „drüben" gewohnt waren und ein geordneter Dienstablauf war kaum mehr möglich.

Dann ging alles Schlag auf Schlag und es folgte die Öffnung des Grenzüberganges auf der A 72, mitten in der Landschaft und weit und breit kein Dorf, in Richtung Plauen. Da natürlich so schnell keine Abfertigungsgebäude errichtet werden konnten, wurden für uns Bauwagen herangeschafft und an diesen das Schild „Grenzpolizeistation" angebracht. In diesen Wagen mussten wir wohl oder übel mit Gasöfen und ohne Toiletten 24 Stunden rund um die Uhr Dienst verrichten. Vor lauter Freude kam es schon einmal vor, dass mir die Leute weinend um den Hals fielen oder sie unseren Bauwagen mit Blumen schmückten.

Am 2. Dezember 1989 wurde dann der Fußgängerübergang auf dem alten, seit 1945 stillgelegten Bahndamm zwischen Lichtenberg und Blankenstein bei Blechschmiedtenhammer eröffnet. Schon Tage vorher wurde bei Blankenstein von beiden Seiten über die Mauer gewunken. Auf Thüringer Seite wurden es nach und nach immer mehr Menschen. Während ich in meiner provisorischen Grenzpolizeistation im alten Bauwagen alleine Dienst tat, waren auf DDR Seite ca. acht Angehörige der DDR Grenztruppen und des Zolls in Containern untergebracht. Nun war es wieder möglich, dass alte Menschen wieder wie früher zu Fuß in ihre Heimat laufen konnten. Dies war aber nur mit einem gültigen Reisepass möglich und so kam es, dass eines Tages eine alte Frau von den DDR-Grenzern wieder zurückgeschickt wurde und bei mir weinend ankam. Als Grund der Zurückweisung wurde ihr gesagt, dass sie statt eines Reisepasses nur einen Personalausweis vorzeigen konnte und mit diesem keine Einreise möglich sei.

Über mein Feldtelefon teilte ich den Grenzern mit etwas lauter Stimme mit, dass ich jetzt die Frau nochmals „rüberschicke" und sie die alte Dame einreisen lassen sollen, denn sie wolle doch nur noch einmal den „Rennsteigsaal" in Blankenstein sehen, wo sie ihren Mann kennen gelernt habe. Diese DDR-Grenzer stammten alle vom bereits geöffneten Übergang Hirschberg auf der A 9 und waren nach Blankenstein abgeordnet und konnten natürlich ihren schikanösen Stil nicht so schnell ablegen. Ich gab ihnen ab und zu schon einmal zu verstehen, dass die alten Zeiten jetzt vorbei wären und wir uns nun mitten in Europa befinden.

Zur gleichen Zeit wurde auch der Fußgängerübergang bei der allein stehenden Gaststätte „Krötenmühle" in der Gemeinde Bad Steben, Ortsteil Carlsgrün, geöffnet. Auch dort wurde ein Bauwagen für uns als „Dienstgebäude" der bayerischen Grenzpolizei hingestellt und eine Brücke über die Muschwitz gebaut. Dieser Übergang wurde hauptsächlich von Schleglern, Seibisern und Bad Stebenern benutzt und war nur bis 22.00 Uhr besetzt. Da kam es dann schon einmal vor, dass die Wirthausbesucher nachts über das geschlossene Tor im Grenzzaun der DDR klettern mussten. An diesem Übergang habe ich am 9. April 1990 als letzter Dienst verrichtet. Zeitgleich wurde auch der Übergang bei Blechschmiedtenhammer nach Blankenstein aufgelöst.

Zur Weihnachtszeit 1989 traf ich bei der Einmündung der Selbitz in die Saale einen DDR-Bürger aus Markneukirchen, der das erste Mal die Mauer bei Blankenstein vom Westen aus sah und so tief beeindruckt war, dass er weinte.

Das Jahr der Grenzöffnung 1989

2. Mai: An der ungarisch-österreichischen Grenze beseitigen auf Anordnung des ungar. Außenministers Horn die ungarischen Grenzer den Stacheldraht.

11. September: Öffnung der ungarischen Staatsgrenze. Die ersten drei Tage reisen etwa 15 000 Deutsche über Ungarn und Österreich in die Bundesrepublik ein.

1. Oktober: 5500 DDR-Flüchtlinge aus der deutschen Botschaft in Prag und 800 aus der Botschaft in Warschau treffen in der BRD ein. Der erste Sonderzug mit über 1000 Flüchtlingen aus der Botschaft in Prag fährt im Hofer Hauptbahnhof ein. Die Flüchtlinge werden von BRK, Polizei und den Frankenwäldlern am Bahnhof, in der Freiheitshalle, und in Turnhallen versorgt. Manche reisten zu Freunden und Verwandten weiter und andere blieben hier und wurden von der Bevölkerung untergebracht.

3. Oktober: In und vor der Prager Botschaft warten wieder 7600 Flüchtlinge. Nach Gestattung der Ausreise führt die DDR nun die Visumspflicht für CSSR-Reisen ein.

4. Oktober: Über Dresden erfolgt eine Massenausreise aus der DDR in verriegelten Zügen. Im Hofer Hauptbahnhof kamen an diesem Tag insgesamt weitere acht Sonderzüge mit fast 8000 Menschen an.

7. Oktober: Gorbatschow teilt Honecker mit: „Wer zu spät kommt, den bestraft das Leben". Honecker hatte noch einige Tage vorher gesagt: „Den Kommunismus in seinem Lauf hält weder Ochs noch Esel auf". Er wurde jedoch eines Besseren belehrt und der Ausspruch von Gorbatschow war dann zusätzlich das Signal für die Opposition in der DDR. In vielen Städten und etwas schwächer auch auf dem Land demonstrieren Zehntausende für Freiheit und Reformen.

16. Oktober: Alleine in Leipzig demonstrieren über 12 000 Menschen für ihre Rechte.

18. Oktober: Über die Presse wird um 14.12 Uhr der Rücktritt von Erich Honecker veröffentlicht.

8. November: Geschlossen tritt das gesamte Politbüro der SED zurück. Über die CSSR sind bisher etwa 50 000 DDR-Bürger in die Bundesrepublik gekommen.

9. November: Günter Schabowski, ZK-Sekretär für Informationen, gibt um 18.15 Uhr vor der Presse in Ostberlin bekannt, dass alle DDR-Bürger über sämtliche Grenzübergänge nach Westberlin und in die Bundesrepublik ausreisen könnten.

9. auf 10. November: Der Grenzübergang auf der A 9 Hirschberg wird geöffnet. Gegen 01.45 Uhr kommen die ersten DDR Bürger zur Einreise nach Bayern.

11. November: Knapp 120 000 DDR-Bürger kommen über den Eisenbahnübergang Hof und über den Übergang Hirschberg/Rudolphstein zur Einreise. Der Verkehr

auf den Zufahrtsstraßen nach Hof und in der Innenstadt bricht zusammen. Ganz Hof ist faktisch eine „Fußgängerzone" und lange Menschenschlangen bilden sich vor den Auszahlungsstellen für die 100 DM Begrüßungsgeld. In den Supermärkten sind Kaffee, Bananen, Thunfisch, Erdnüsse, usw. ausverkauft und die Fußböden der Märkte mit Schneematsch mehrer Zentimeter hoch bedeckt. Erst etwa 100 km vom Frankenwald in Richtung Süden war der Käuferandrang nicht mehr so schlimm und wir kauften manchmal im Raum Bamberg ein.

12. November: In dieser Nacht wurde der Übergang B 173 Hof/Plauen geöffnet. Als ich vom Nachtdienst wieder daheim war, hörte ich gegen 09.30 Uhr im Radio, dass die ersten Trabis und Wartburgs über diesen neuen provisorischen und nur geschotterten Übergang rollten.

Ab 1. Januar 1990 wurde die Grenzüberwachung und Personenkontrolle am ehemaligen Todesstreifen oder auch eisernen Vorhang ganz eingestellt und am 1.9.1990 die bis dahin bestehende Grenzpolizeistation Bad Steben

aufgelöst und in die Bayer. Landespolizei ein-
gegliedert. Gegründet wurde die „ Bavarian-
Border- Police" am 1. März 1946 auf Anordnung der amerikanischen Besatzungsmacht
entlang der sowjetisch besetzten Zone. Die
Hauptaufgabe der Grenzer damals war die
Unterbindung und Überwachung des illegalen
Grenzübertrittes durch Personen aus der sowjetisch besetzen Zone, die Überprüfung von
Flüchtlingen, die Unterbindung des Schmug-
gels und des Schwarzhandels. Die alten Kollegen erzählten mir, dass sie von der „Straße
weg" eingestellt wurden, aber nur wenn sie
eine „weiße Weste" hatten. Da zu dieser Zeit
auch keine Uniformen vorhanden waren, färb-
ten sie ihre alten, grauen Wehrmachtsunifor-
men einfach schwarz um.

Grenzpolizisten gibt es heute nur noch an
der „Borderline" zwischen den USA und Me-
xiko, wo Menschenhandel und Drogen-
schmuggel verhindert und illegale Einwande-
rer abgehalten werden sollen. Minen und
Selbst-Schussanlagen gibt es dort Gott sei
Dank nicht, die womöglich Menschen töten,
die in die Freiheit wollen.

Juni 1990: Für meine Kollegen der Grenzpolizeistation Bad Steben richtete ich den Be-
triebsausflug mit Fahrt in die ehemalige DDR

zur Saaletalsperre aus und wir konnten das erste Mal ohne Visum und Mindestumtausch mit noch zuvor getauschten Ostmark günstig reisen, denn ab 1. Juli wurde die D-Mark eingeführt. Obwohl ich schon 6 Wochen vorher diesen Ausflug plante und bei der Wirtin des direkt an der Saale liegenden Lokales „Kranen" in Saalburg für 30 Personen Gänsebraten mit Klößen bestellt hatte, mussten wir am Eingang der Wirtschaft erst einmal alle warten, denn wir wurden „platziert", eben wie es in der DDR üblich war, und wir bekamen auch nicht unser bestelltes Essen, sondern mussten mit Stallhasen vorlieb nehmen. Die Bedienung äußerte sich dahin gehend, dass sie vom HO-Service eben nichts anderes geliefert bekommen habe und wird damit zufrieden sein sollen, was anderes gibt es nicht.

Anfangs durften wir bei Verkehrsverstößen die DDR-Bürger nur gebührenfrei verwarnen, was nach und nach natürlich wegfiel. Auch bei der Verkehrssicherheit ihrer Autos wurde manches „Auge" zugedrückt. Mittlerweile sind die Trabis und Wartburgs fast ausgestorben und werden schon als Sammlerstücke gehandelt und unsere gute Frankenwaldluft ist auch wieder zurück.

Vor fünfzig Jahren besiegelte der Mauerbau in Berlin die Teilung Deutschlands. Hier bei uns gab es zwar nicht die „Berliner Mauer", wohl aber eine militärisch gesicherte, tödliche Grenze. Diese spaltete wie die Mauer in Berlin die Region, trennte Familien und Freunde, schnitt Wasserläufe wie die Muschwitz, Selbitz und Saale und Straßenverbindung vom Feldweg bis zu den beiden Autobahnen A9 und A 72 ab.

Die anfangs noch sehr provisorischen Stacheldrahtsperren wichen im Lauf der Jahre einem Sperrsystem aus Minen, Streckmetallzäunen, Kolonnenwegen, Wachtürmen, Selbstschussanlagen und anderen Sperrelementen. Da diese Unmenschlichkeit der Grenze nach wie vor auf beiden Seiten Thema ist, gründete sich am 3. Oktober 2010, bestehend aus ehemaligen bayerischen und thüringischen „Grenzern" der Grenzerstammtisch in Carlsgrün, zu denen auch ich gehöre. Diese ehemaligen DDR-Grenzer und ich haben eines gemeinsam, und zwar dies, dass sie als auch ich nicht aus dem Frankenwald stammten. Sie kamen unfreiwillig aus dem Norden der DDR und mussten ihren Wehrdienst im Süden ableisten, das war vom Regime so gewollt, damit keine verwandtschaftlichen Beziehungen bestanden. DDR-Soldaten wurden somit z.B. von der Ostsee oder vom Spreewald zur Bewachung an die Südgrenze befohlen und die „Thüringer" mussten an der Ostsee oder an der Berliner Mauer „Wache" schieben. Während dieser Zeit des Grenzdienstes haben sowohl die damals jungen Grenzsoldaten als auch ich unsere im Grenzgebiet beheimateten Frauen kennen gelernt, hier geheiratet und sind hier „hängen geblieben". So erging es vielen jungen Männern auf beiden Seiten der Grenze.

Wir können zwar nicht über Mauergeschichten in Berlin berichten, wohl aber von unzähligen selbst erlebten Ereignissen und Begebenheiten an der innerdeutschen Grenze direkt vor unserer Haustür, wie z.B. über den Schießbefehl, Schleusungen, Spionen, toten Briefkästen, Minenopfern u.a., und natürlich auch über geglückte Fluchten, wie dem legendären Heißluftballonflug zweier Familien mit ihren Kindern.

Diese Flucht wurde sogar als Spielfilm unter dem Titel „Mit dem Wind nach Westen" verfilmt. Wir Stammtischmitglieder aus West und Ost sitzen einmal im Monat, jedes Mal in einer anderen Ortschaft im Wirtshaus, hüben und drüben in geselliger Runde zusammen.

Wir sind ehemalige bayerische Grenzpolizisten, westdeutsche Zollbeamte, DDR-Volkspolizisten und Soldaten der NVA Grenztruppen und auch andere Zeitzeugen. Wir erzählen selbsterlebte deutsch-deutsche Grenzgeschichten und möchten die Geschichte bewahren.

Da wir auch lustig und fröhlich sein wollen, singen wir ab und zu ein von unserem Sangesbruder, Werner Engelhardt, umgedichtetes Lied des ursprünglichen Liedes „Jenseits des Tales", es heißt:

Jenseits des Tales waren Unterstände

Zum hohen Abendhimmel quoll der Rauch

Das war ein Singen in dem weiten Felde

Und viele Grenzsoldaten sangen auch.

Sie putzten fleißig ihre alten Waffen

Doch eine Schönheit schwand nicht aus dem Sinn

Und unterm Singen sprach der Grenzer einer:

„Männer, ihr wisst`s wo ging der Jüngste hin"?

Diesseits des Tales stand der jüngste Grenzer
Und griff die feuchte Erde aus dem Grund
Sie kühlte nicht die Glut der armen Stirne
Sie machte nicht sein krankes Herz gesund

Ihn hielten nur zwei jugendfrische Wangen
Und nur ein Mund, den er sich selbst verbot
Noch fester schloss der Jüngste seine Lippen
Und sah hinüber in das Abendrot

Jenseits des Tales waren Unterstände
Vom roten Abendhimmel quoll der Rauch
Und war ein Lachen in dem weiten Felde
Und jener Grenzsoldat, der lachte auch.

Von Blankenstein bis Nordhalben gibt es unzählige dieser Grenzerlebnisse auf bayerischer und thüringischer Seite, die nicht immer glücklich endeten. Uns liegt es am Herzen, das Vergangene in Erinnerung zu halten und auch weiterzugeben, denn irgendwann sind die Generationen und Zeitzeugen nicht mehr da und unsere Kinder und Jugendlichen wissen schon heute nichts mehr von der unmenschlichen Teilung Deutschlands. Deshalb war ich auch schon in Schulen in Bayern und Thüringen und habe über dieses Thema bei den Schülern, die ja erst nach der Wende 1989 geboren wurden, Vorträge über diese unmenschliche Grenze gehalten.

Geschichten und Vorkommnisse an der Grenze zwischen Ost und West

Die Ballonflucht

Der DDR-Bürger Peter Strelzyk aus Pößneck/Thür. hatte sich einen besonderen Fluchtplan ausgedacht. Er plante mit seiner Frau und den beiden Kindern in einem selbst gebastelten Heißluftballon zu flüchten. Sein Freund und Arbeitskollege beim Kunststoff-

hersteller VEB Polymer in Pößneck erfuhr davon und war begeistert von dem Fluchtplan.
In ihrer Freizeit schweißten beide heimlich
den Brenner und den „Korb", was kein Korb
war, sondern eine Plattform von nur 1,40 m x
1,40 m, mit jeweils 80 cm hohen Pfosten an
den vier Ecken, die miteinander mit Wäsche-
leinen verbunden waren, in ihrem Keller zusammen. Diese Leinen waren die einzige Sicherung für Peter Strelzyk, seinem Arbeitskol-
legen Günter Wetzel, ihren Ehefrauen Doris
und Petra und den vier Kindern.

Mit ihren Frauen nähten sie die zuvor in der
ganzen DDR zusammen gekauften verschie-
den farbigen Stoffe mit einer alten Nähma-
schine zusammen. Bereits bei der Beschaffung
des Stoffes mussten sie vorsichtig sein, denn
man konnte in der damaligen DDR nicht so
ohne weiteres einfach einmal so mehrere Meter Stoff kaufen. Das wäre erstens dem Ver-
kaufspersonal aufgefallen und evtl. der Stasi
gemeldet worden und zweitens war so viel
Stoff gar nicht zum Verkauf vorhanden. Um
nicht aufzufallen, wurden deshalb immer nur
kleinere Mengen beschafft. Insgesamt besorg-
ten sie sich ca. 1200 Quadratmeter Zelt-, Be-
kleidungs- und Regenschirmstoff, woraus

schließlich ein ca. 28 m hoher und 20 m breiter Ballon entstand.

Am 16. September 1979, kurz nach Mitternacht kamen die beiden Familien aus Pößneck mit ihrem Wartburg und einem Anhänger in Grenznähe auf einer Waldwiese an. Nach Entladung der kunterbunten, ca. 100 kg schweren Ballonhülle, dem Brenner, der Plattform und vier Propangasflaschen wurde der Ballon mit Hilfe eines umgebauten 14-PS-Motorrad-Motors aufgeblasen. Dabei fing die Ballonhülle Feuer und die Flucht schien zu scheitern. Doch mit einem Feuerlöscher gelang es Peter Strelzyk, den Brand der Hülle zu löschen. Nun standen alle mit dem Rücken nach außen auf der Plattform und hielten sich an den in der Mitte stehenden Gasflaschen fest. Nachdem sie ca. 2500 Meter aufgestiegen waren, trug sie der Nordwind über die Sperranlagen in Richtung Süden, westlich an Lichtenberg vorbei und sie landeten nach atemberaubenden 28-Minuten-Flug etwas unsanft in einem Waldstück bei Naila im Ortsteil Finkenflug in der Nähe eines Bauernhofes. Da die Nacht durch den Mond sehr hell war, ist ihnen aufgefallen, dass sie zum Schluss über viele kleine Felder „gefahren" sind, wogegen es in der DDR überwiegend sehr große Felder gab. Jetzt kam

Hoffnung auf, dass sie es geschafft haben könnten.

Als Nächstes sind die beiden Männer zu einem Hochspannungsmast gelaufen, auf dessen Typenschild stand etwas von "Überlandwerk", das sie aus der DDR nicht kannten.

Nachdem sie weiter gegangen waren, sind sie zu dem nahe gelegenen Bauernhof gekommen. Zuvor hatten sich die Frauen und die Kinder erst einmal im Gebüsch versteckt.

In der Scheune haben die beiden Männer dann eine landwirtschaftliche Maschine stehen gesehen und ihnen war nun aufgrund des Typs klar, dass sie es geschafft haben.

Als sie wieder aus der Scheune heraus kamen, sahen sie zwei Scheinwerfer auf sich zukommen und hörten Motorengeräusch. Dann stand auch schon ein Auto vor ihnen und zwei westdeutsche Polizeibeamte stiegen aus. Einer der beiden Flüchtlinge fragte die Beamten: „Sind wir hier im Westen"? Worauf ein Polizeibeamter ihnen antwortete: „Natürlich, wo denn sonst". Jetzt war ihnen endgültig klar, dass sie im Westen waren.

Mit angezündeten Feuerwerkskörpern signalisierten sie ihren versteckten Frauen und

Kindern, dass sie nun aus dem Versteck kommen können.

Bei den beiden Polizeibeamten handelte es sich um die Kollegen Rudolf G. und seinem Streifenpartner H. von der Polizei-Inspektion Naila. Diese sahen während der Nachtstreife bereits von weitem den „Feuerball" am Himmel und konnten sich das unbekannte Flugobjekt überhaupt nicht erklären und fuhren dem „UFO" sicherheitshalber erst einmal nach.

Nach der Landung wurde ich gegen 06.30 Uhr, von meiner Dienststelle über die Flucht unterrichtet und bin dann zusammen mit meinem Kollegen Alfred F. zum Landeplatz gefahren, da wir als Grenzpolizei für die Sachbearbeitung der Flüchtlinge zuständig waren. Über diese Flucht wurde später ein Spielfilm mit dem Titel „Mit dem Wind nach Westen" gedreht. Den Fluchtballon stellten die beiden Familien für die Allgemeinheit zur Verfügung. Die Plattform mit den Gasflaschen befindet sich im Heimatmuseum in Naila und die Ballonhülle in einem Museum in Berlin.

Während sich die Strelzyks in Bad Kissingen niederließen und dort ein Elektrogeschäft eröffneten, blieben die Wetzels erst einmal hier im Frankenwald und zogen später um in die Nähe von Bayreuth.

Nach dem Fall der Mauer und dem Zusammenbruch der DDR kehrte das Ehepaar Strelzyk Mitte der neunziger Jahre wieder in ihr altes Haus nach Pößneck zurück.

Mittlerweile haben die beiden Familien auch keinen Kontakt mehr zueinander.

Links auf dem Bild: Der Buchautor nach der
gelungenen Landung vor dem Heißluftballon
der Flüchtlinge

Hähnchenknochen von West nach Ost

Die DDR hatte auch eine staatliche Spedition mit dem Firmennamen „DEUTRANS", die Möbel, Kleider, Fleisch, Braunkohle, Lebendvieh Glasscherben usw. von Ost nach West transportierte. Überwiegend wurden diese Lkws nach unseren Erkenntnissen von Stasi- und Militärangehörigen der NVA, getarnt als Fernfahrer in Zivil, gefahren. Bei diesen Fahrten hatten sie auch den Auftrag, nachrichtendienstliche und militärische Erkenntnisse in der Bundesrepublik auszuspähen.

In unserem Bereich fuhren sie dann z.B. gezielt die Bundeswehrkaserne in Naila an und täuschten dort Reifen- oder Motorpannen vor. Dabei fotografierten sie vom Laderaum aus durch ein kleines Loch im Aufbau oder der Plane das Innere des Kasernengeländes. Auch die Sprengkammern für den Ernstfall, die bei uns in den Fahrbahnen versteckt eingebaut und mit einem normalen Gullydeckel getarnt waren, wurden von ihnen in Landkarten eingezeichnet. Diese befanden sich immer dort, wo entweder ein größerer Fluss oder steil abfallendes Gelände war und im Ernstfall nach der Sprengung die Militärmaschinerie des Warschauer Paktes aufgehalten werden sollte.

Während ihres Aufenthaltes bei uns verachteten sie natürlich nicht den kapitalistischen Wohlstand und genossen alles, was sie „drüben" nicht bekamen. Egal ob Südfrüchte, das Magazin „Playboy" oder andere Magazine. Damit sie bei ihrer Rückkehr nicht ertappt wurden, entsorgten sie diese für sie „verbotenen" Sachen kurz vor dem Grenzübergang Rudolphstein in den Papierkörben an den Rastplätzen der A 9.

Weil Westdeutsche und Berliner Bürger am Grenzübergang Hirschberg von ihren Sicherheitsorganen auch immer gefilzt und schikaniert wurden, warfen Grenzer von uns auch manchmal die Reste eines Brathähnchens oben auf die Planen ihrer Lkw. Da wir wussten, dass ihre Grenzsoldaten mit Schäferhunden die einreisenden Kraftfahrzeuge nach Menschen „beschnüffelten", war uns klar, dass die Hunde die Knochen riechen und natürlich wie wilde Löwen die Lkws attackieren würden, da die Spürhunde die Knochen rochen und die DDR-Grenzer dann meinten, dass Menschen im Fahrzeug versteckt wären. Das hat bestimmt Ärger gegeben und wir grinsten schadenfroh.

Schleusungen von DDR-Bürgern mit Kleinflugzeug in den Westen

Am 21.05.1983, etwa um 08.45 Uhr, wurde ein westdeutsches Sportflugzeug nordwestlich von Hof bei Bad Steben von russischen Hubschraubern beschossen und von mehreren Geschossen getroffen. Die Hubschrauber standen in der Nähe der Gaststätte „Krötenmühle", OT Carlsgrün, in einer Höhe von 50 bis 100 m. Dem Piloten gelang es gerade noch, die Verfolger abzuschütteln und die Demarkationslinie im Tiefflug nach Westen zu überfliegen. Das Flugzeug müsste sich wohl längere Zeit im Luftraum der DDR aufgehalten haben, da Hubschrauber i.d.R erst nach ca. 60 Min. an einem bestimmten Punkt eintreffen können. Soweit ein Bericht in einer Zeitung.

Was war an diesem Pfingstsamstag geschehen? Ein westdeutscher Pilot hat sich ein Sportflugzeug bei Fulda ausgeliehen und hat innerhalb eines Jahres mehrere Flüge über die Zonengrenze hinweg in die DDR durchgeführt, landete dabei dort auf Wiesen bei der Ortschaft Pößneck kurz, nahm ausreisewillige DDR-Bürger auf und schleuste dann diese in den Westen..

An diesem Tag wollte er wieder Personen aufnehmen und stellte beim Landevorgang fest, dass am vereinbarten Treffpunkt das Gras zu hoch und deshalb eine Landung nicht möglich war. Deshalb startet er wieder durch und flog in Richtung Bayern zurück.

Doch irgendwer hatte seine Fluchthilfe an die Stasi verraten. Noch bevor er die Zonengrenze erreicht hatte, wurde er schon von zwei russischen MI 24 Kampfhubschraubern erwartet. Diese beschossen seine Piper PA 18 mit dem Kennzeichen "D-EHCK" sofort mit Raketen und Maschinengewehren. Trotz mehrerer Einschüsse in sein Flugzeug konnte er im Tiefflug Bayern erreichen und flog dann über Carlsgrün und Steinbach weiter bis zu seinem Flugplatz in Fulda-Jossa. Dort stellte er die Maschine, die er sich von einem Flugsportverein gemietet hatte, wieder ab. Da dieser illegale Flug in der ADIZ-Zone (für den normalen Flugverkehr gesperrte Zone entlang des Eisernen Vorhanges) auch der Flugüberwachung auf dem Flugplatz in Hof aufgefallen war, wurde der Pilot drei Tage später in seiner Heimatstadt Tuttlingen von der Kripo aufgesucht und dazu vernommen.

An diesem Tag stand auch im „Neuen Deutschland" der DDR eine geharnischte Anklage gegen den „Luftraumverletzer" und über seine „provokatorische" Handlung. Der ganze „Einsatz" dauerte vom Start bei Fulda bis zur Rückgabe des Flugzeuges knapp zwei Stunden. Nach Augenzeugenberichten von Carlsgrüner Bürgern flogen die russischen Kampfhubschrauber bei ihrer Verfolgung über Carlsgrün hinweg in den bayerischen Luftraum hinein. Geschosse schlugen bei uns nicht ein, da die Hubschrauberpiloten den Auftrag hatten, in Richtung Thüringen zu schießen.

Von den ehemaligen Grenzsoldaten aus Schlegel und Seibis, die zu unserem Grenzerstammtisch gehören, erfuhr ich erst 2010 davon, dass damals bei der Schießerei in der grenznahen Ortschaft Lichtenbrunn mehrere Geschosse in Hasenställen eingeschlagen sind und dabei einige Tiere ihr Leben lassen mussten. Die Eigentümer der Tiere trauten sich damals keine Schadensforderungen bei den Behörden der DDR stellen und haben bis heute deshalb auch keine Entschädigungen erhalten.

Flucht mit Agrarflugzeug

In der DDR gab es auch die „Agrarflieger" welche die großen Felder der LPG mit Dünger oder Pestiziden besprühten. Eines Tages, in den 1980er Jahren, flüchtete ein Pilot mit seinem klapprigen Fluggerät von Thüringen aus nach Bayern. Nach Beendigung seiner Arbeit flog er zur nahen Autobahn A 9 Berlin-München um diese als Orientierung nach Süden zu benützen. Immer unter sich die Autobahn, überflog er mit dem letzten „Sprit" im Tiefflug den DDR Grenzübergang Hirschberg und dann den gegenüber liegenden bayerischen Grenzübergang Rudolphstein. Kurz nach dem bayerischen Übergang machte er auf einer Wiese beim Ortsteil Moos eine Notlandung und wurde unmittelbar darauf von Bayerischen „Grenzern" als Flüchtling empfangen. Unser Auftrag war dann, das Flugzeug, das ja Eigentum der DDR war, solange zu bewachen, bis dies so zerlegt worden war, dass es mit einem Lkw wieder zurück in die DDR gefahren und dort übergeben werden konnte. Über die Saalebrücke wurde es wieder der DDR zurück gebracht.

Grenze bei Blechschmiedtenhammer, oben
auf der Bergkuppe Bunker der Grenzsoldaten
der NVA-Grenztruppen

Westdeutsche als Spione

Ein einheimischer Grenzbewohner spionier-
te für die Ostzone. Da er hier aufgewachsen
war, kannte er die Gegend wie seine Hosenta-
sche und lief immer durch das Höllental zur
Grenze. Um nicht einer Streife von uns, den
Zöllnern oder dem BGS in die Hände zu lau-

fen, hatte er ein Funkgerät aus der DDR bei sich. Die Stasi hatte sich in einem Dachboden eines Hauses in Blankenstein unmittelbar an der Grenze eingenistet und konnte von dort mit Ferngläsern genau unsere Streifen beobachten. Wenn wir uns wieder von der Grenze weg in das Hinterland begaben, funkten sie dies dem Spion zu und somit konnte er bei Blechschmiedtenhammer gefahrlos und ohne Schwierigkeiten den kleinen Grenzbach „Muschwitz" überqueren und wurde dort von den schon wartenden Stasiangehörigen übernommen.

Wie er uns nach seiner Festnahme später erzählte, funktionierte dies sogar bei finsterer Nacht, da unsere Streifen in diesem Bereich immer einen Bahnübergang überqueren mussten und an diesem Übergang, wie bei der Bahn üblich, natürlich die ganze Nacht eine Lampe brannte und dadurch wir im Lichtschein zu sehen waren, wenn wir uns von der Grenze wieder entfernten und für den Spion die Luft rein war. Da er zudem noch vom Beruf Busfahrer war, nutzte er mehrmals auch die Möglichkeit, im Transitverkehr nach Berlin Spionagematerial auf Parkplätzen in der DDR in TBK (Toten Brief- Kästen) abzulegen. Für sei-

ne Spionage wurde er auch zu einer Gefäng-
nisstrafe verurteilt.

Hoher Polizeibeamter der Grenzschutz-Direktion Koblenz als Spion entlarvt

In den 80-er Jahren erklärte sich ein noch in Haft befindlicher Spion bereit, für die Polizei und andere Dienste bei einem Lehrfilm über Spionage mitzuwirken. Deshalb wurde er im Wege des Schubwesens von Hessen in die Justizvollzugsanstalt Hof überführt. Von dort wurde er für die Filmaufnahmen zum Drehort „Ullsteinpark" bei Lichtenberg, der unmittelbar an die Zonengrenze angrenzte, täglich mit dem Polizeiauto hin und wieder zurück befördert. Unsere Hauptaufgabe bestand darin, dass wir unbedingt verhindern mussten, dass er während den Dreharbeiten einen Sprung über den dortigen, nur ein bis zwei Meter breiten Grenzbach hinüber in die DDR machte, denn dort hätte er dann auch Asyl erhalten. Während der Drehpausen erzählte er mir, wie er von der Stasi für ihre Zwecke angeworben wurde.

Nach seinen Angaben begann alles recht unscheinbar. Er war noch Gymnasiast und besuchte in den Ferien öfters seine Oma in der damaligen DDR. Bei einer Tanzveranstaltung wurde er von einem Mann von der Staatssicherheit angesprochen, der ihm zu verstehen gab, dass er doch viel öfters in die DDR kommen könnte und er ihm für die Beschaffung der erforderlichen Visa behilflich sein könnte. Dieser Mann bezahlte ihm auch öfters die Zeche. Nach einigen Jahren unterschrieb er diesem Mann eine Verpflichtungserklärung für den Staats-sicherheitsdienst. Erst als er vor dem Abitur stand, meldete sich der Führungsoffizier der Stasi wieder bei ihm und bestand darauf, dass er Jura studieren soll und während des Studiums auch regelmäßig Geld erhalten würde.

Nach dem Studium verlangte sein Führungsoffizier, dass er sich bei der Bayerischen Polizei um eine Anstellung für den höheren Dienst bewerben soll. Seine Bewerbung hat damals die Stasi auf einer elektrischen Schreibmaschine geschrieben, damit sie ja gut aussieht. Aber das half auch nichts, denn vermutlich wegen seiner Verwandten in der DDR wurde er vom Land Bayern nicht eingestellt. Nun schrieb für ihn die Stasi eine neue Bewerbung zum Bundesgrenzschutz und es klappte. Er wurde mit seiner Juraausbildung in den höheren Dienst eingestellt und bekam von Ostberlin den Auftrag, geheime Unterlagen seiner Dienststelle zu fotografieren und über die grüne Grenze in die DDR zu schleusen oder in einem TBK direkt an der Zonengrenze zu verstecken. Aber zuerst musste er von der Stasi das geheime Fotografieren mit einer in einem elektrischen Rasierapparat eingebauten Minikamera erlernen.

Deshalb fuhr er mehrmals mit dem Zug von seinem Wohnort Nürnberg, als Wanderer getarnt, in das Grenzgebiet über den Hauptbahnhof Hof und mit dem Zug weiter in Richtung Bad Steben bis zum Haltepunkt Hölle. Dort stieg er aus und wanderte durch das Höllental. Wäre er dabei von uns einer Personenkontrolle unterzogen worden, er wäre nicht aufgefallen, da er mit einer Dublette eines Bundespersonalausweises eines anderen existierenden, unbescholltenen Bundesbürgers ausgestattet war und sich bei uns im Zollgrenzbezirk jeder Bürger bis zur eigentlichen Grenze begeben durfte.

Nach dem Höllental bog er bei der Gaststätte „Blechschmiedtenhammer" rechts ab und begab sich dann in den „Ullsteinpark", durch den der Grenzbach „Muschwitz" verlief. Dort übersprang er an einer schmalen Stelle den Bach und schon war er auf DDR Gebiet, wo er bereits von Stasiangehörigen, die in Uniformen der DDR-Grenztruppen getarnt waren, empfangen wurde. Ihm wurde sofort ein Uniformmantel und eine Mütze übergeworfen, damit es so aussah, als wäre er einer von ihnen und dann wurde er mit dem bereitstehenden Militär-Jeep auf dem Kolonnenweg schnell weggefahren, damit wir von der Schleusung nichts mitbekamen. Zuvor waren in diesem Grenzabschnitt natürlich die normalen Grenzstreifen und Wachturmbesatzungen in das Hinterland abgezogen worden, damit auch sie von der Agentenschleusung nichts erfuhren.

Diesen Weg von Nürnberg zu uns machte er mehrmals und ging immer über die grüne Grenze. Ich wollte natürlich wissen, warum er jeweils den Zug als Beförderungsmittel benutzte und warum er nicht mit dem Auto über den Grenzübergang auf der A 9 in die DDR einreiste, wo er doch mit seinen Ausweisen nicht aufgefallen wäre. Er gab mir zu verstehen, dass, hätte er seinen Pkw benutzt, er evtl. ein Panne haben oder in eine Polizeikontrolle hätte kommen können und zudem ja seine Schleusungsoffiziere dann auf ihn hätten warten müssen. Außerdem war die Schleusung viel sicherer und nicht so stressig, denn über den Grenzübergang Rudolphstein wäre er ja kontrolliert worden und da hätte er schon vor der Kontrolle Schweißausbrüche erlitten.

Nachdem er dann einige Jahre mit der in seinem Rasierapparat versteckten Minikamera seine Dienstelle aufsuchte und dort geheime Dokumente fotografiert hatte, offenbarte er sich seiner Ehefrau. Diese bat einen Geistlichen um Rat und beide erstatteten danach Selbstanzeige bei der Kripo. Nach Abschluss der Dreharbeiten musste er seine Reststrafe absitzen. Ob er dafür, dass er sich bereit erklärte seine Schleusungen in einem Lehrfilm zu zeigen, Hafterlass bekam, ist nicht bekannt.

Einer der ersten hölzernen Wachtürme bei Blankenstein. Heute beginnt dort der Rennsteig auf einer neuen Brücke

Aprilscherze

Zum 1. April kam in unserer Dienststelle die Idee auf, die DDR-Grenzer zu necken:

Dazu bauten wir ein Gestell, das sich ein Kollege auf den Rücken schnallte. Am Rücken schaute es aus wie die Turbine eines Hubschraubers und von dort ging eine Antriebswelle nach oben zu einem Rotor, natürlich alles aus Pappe und Holz. Mit dieser Attrappe ausgerüstet begaben wir uns auf Fußstreife. Als wir uns dann bei Blankenstein dem Betonbeobachtungsturm, nur durch den schmalen Grenzfluss getrennt, näherten, sah man, dass die DDR-Grenzer hektisch nach den Ferngläsern griffen und diese auf uns richteten. Einer der Soldaten griff hastig zum Feldtelefon und meldete bestimmt seiner Einheit, dass die „Bayern" jetzt schon mit Einmannhubschraubern ausgerüstet sind.

Bereits 1981 mit Handschlag die „Wiedervereinigung" gefeiert

Von geflüchteten NVA-Grenzsoldaten hatten wir in unserer Asservatenkammer natürlich auch Uniformen und Kalaschnikows in Verwahrung.

Da kam uns die Idee, die Grenzorgane der DDR zum 1. April wieder einmal zu ärgern. Zu diesem Zweck zog ein Kollege von mir eine DDR-Uniform an und bewaffnete sich mit einer Kalaschnikow-Maschinenpistole. Dann fuhren wir zur Grenze an eine Stelle, wo der besetzte Beobachtungsturm nur wenige Meter von uns entfernt war und machten von dem angeblichen „NVA-Grenzsoldaten" und einem bayerischen Grenzer, wie sie sich gerade die Hände reichten und umarmten, Fotoaufnahmen. Die Grenzer auf dem Wachtturm kamen aus dem Staunen nicht mehr heraus und wussten nicht, wie es so etwa geben kann, dass sie hinterm Zaun noch eingesperrt sind und sich auf bayerischer Seite ein Kollege von ihnen sich mit den „Bayern" verbrüdert.

Dieses Foto wurde nach Absprache mit der örtlichen Tageszeitung „Frankenpost" natürlich zum 1. April abgedruckt mit dem Untertitel: „Die Wiedervereinigung macht Fortschritte: DDR-Grenzer und bayerische Grenzer begrüßen sich herzlich". Bestimmt musste dann ein Agent eine Ausgabe dieser Zeitung beschaffen und der Stasi übergeben.

Rotes Wasser im Grenzfluss

Irgendwann im Frühjahr stellte ich während einer Grenzstreife fest, dass der Grenzfluss „Selbitz" rot gefärbtes Wasser führte. Da mir bekannt war, dass die DDR für die in Blankenstein befindliche Papierfabrik Selbitzwasser für die Produktion ableitete, war mir klar, dass ich die DDR-Grenzer davon unterrichten werde.

An diesem Tag arbeiteten zwei Arbeiter vom Wasserwirtschaftsamt der DDR direkt am Ufer der Selbitz und wurden dabei, wie immer, von mehreren Soldaten der DDR bewacht. Diesen Männern näherte ich mich und rief den Grenzsoldaten zu, dass von Bayern aus rotes Selbitzwasser in Richtung DDR fließt und sie diese Meldung über ihr Feldtelefon durchgeben sollen. Sie machten jedoch keine

Anstalten, etwas zu unternehmen, und zeigten keine Reaktion und gaben mir auch keine Antwort, was ja nicht verwunderlich war, wenn man weiß, dass sie mit dem „Klassenfeind" nicht sprechen durften. Erst als ich dann etwa barscher wurde und sie davor warnte, dass dann in der Papierfabrik rotes „kommunistisches" Papier produziert werden würde und sie die Folgen tragen müssten, meldete einer von ihnen den Vorfall weiter. Anzumerken ist, dass damals in dieser größten Papierfabrik der DDR von ca. 1300 Arbeitern weißes Papier hauptsächlich für den Export in die Bundesrepublik hergestellt wurde.

Drei Meter hohe Betonmauer bei der Ortschaft
Blankenstein / Thüringen

Unbürokratischer Grenzverkehr

In unserem Grenzabschnitt befand sich unmittelbar, also direkt an der Zonengrenze, ein Gasthaus. Bereits seit mehr als 100 Jahren befand sich der hauseigene Tiefbrunnen für Trinkwasser auf thüringischem Gebiet und somit nach der Teilung Deutschlands auf DDR-Gebiet. Bei einem Defekt oder einer sonstigen Störung am Pumpwerk oder der Leitung begab sich der Wirt zur Grenze und rief den DDR-Grenzern zu: „Hört mal, mein Wasser läuft nicht, ich muss mal am Brunnen nachschauen, woran das liegt" und die Soldaten antworteten ihm vom Wachtturm herunter "Ja, kannst herüber kommen".

So unbürokratisch ging es jahrzehntelang zu und der Wirt gab den Grenzern auch schon einmal eine Brotzeit dafür aus. Dies änderte sich mit der Errichtung des Streckmetallzaunes, da dem Wirt dadurch der Weg zu seinem Brunnen versperrt worden war. Jetzt hätte er bei einer Störung seines Wassers erst unsere Dienststelle unterrichten müssen und wir hätten dann über das so genannte „rote Telefon" vom Grenzübergang Rudolphstein aus die Grenztruppen an der gegenüberliegenden

Grenzkontrollstelle Hirschberg um Genehmigung nachsuchen müssen. Diese Prozedur war dem Wirt dann zu umständlich und er gab seinen Brunnen schließlich auf.

Wie wir DDR-Rentnern dabei halfen, die große Welt bereisen zu können

Rentner der DDR konnten auf Antrag Verwandte in der Bundesrepublik besuchen. In bestimmten Fällen, wie z.B. Hochzeiten, Trauerfälle usw., war es sogar verheirateten DDR-Bürgern möglich, in den Westen zu reisen, allerdings musste ein Ehepartner zu Hause bleiben und sie führten nur den Personalausweis der DDR bei sich mit.

Schon bei der Einreise nach Bayern bekamen sie von unseren Grenzbeamten den Tipp, wie sie während ihres Aufenthaltes im Westen Afrika, Asien, Amerika oder den Rest der Welt bereisen könnten. Da sie aber keinen Reisepass hatten, sondern nur ihren DDR-Personalausweis, der natürlich nirgends anerkannt wurde, bekamen sie, da sie ja deutsche Staatsbürger waren, von einer Gemeindeverwaltung in unserem Dienstbereich einen deutschen Reisepass ausgestellt und konnten, allein oder auch mit ihren Verwandten oder Freunden, mit diesem Pass die ganze Welt bereisen. Allerdings mussten sie ihn nach Beendigung ihrer Reise bei dieser Gemeindeverwaltung wieder abgeben, damit die Organe der DDR nicht davon „Wind" bekamen. Bis zu ihrem nächsten Besuch im Westen wurde der Reisepass amtlich verwahrt und sie bekamen ihn jederzeit wieder ausgehändigt. Manchmal kam es schon vor, dass so ein Pass durch unsere Beziehungen zum Rathauspersonal auch noch nachts oder samstags, sonntags ausgestellt wurde, damit die Reise gleich losgehen konnte.

Russische Panzer fahren gegen Westen

Eine alte Frau aus einer kleinen Grenzstadt in unserem Dienstbereich hatte sehr gute Beziehungen zu Politikern in München. Ihr Wohnhaus stand nur ca. 500 m von der Grenze entfernt. Eines Tages im Sommer hörte sie lautes Motorengeräusch aus Thüringen kommend, das immer näher kam. Statt unsere Polizeistation davon zu verständigen, griff sie zum Telefon und rief im Innerministerium in München an und teilte dort mit, dass russische Panzer in Richtung Bayern unterwegs seien und wir angegriffen würden. Da im dortigen Lagezentrum noch nichts von einem „Kriegsausbruch" seitens der DDR bekannt war, fragte man sofort telefonisch bei unserer Dienststelle nach und verlangte um unverzügliche Berichterstattung mit der Bemerkung: „Warum wisst ihr dort oben in Oberfranken nichts von einer Mobilmachung der DDR-Volksarmee, ihr müsst doch schlafen". Deshalb wurde sofort eine Streife an die Grenze beordert. Diese stellte schnell fest, dass mehrere Mähdrescher der LPG Schlegel mit der Getreideernte begonnen hatten und auf den großen Feldern in einer Linie fahrend das Korn ernteten. Da es sowjetische „Fortschritt"-

Mähdrescher waren, klangen sie etwas lauter als unsere. Nachdem die „Münchner" dementsprechend von uns informiert wurden, beruhigten sie sich wieder.

Grenzsoldaten der DDR verlieren auf westdeutschem Boden ein Streifenführerkontrollbuch mit geheimen Aufzeichnungen

Von meinem Bekannten, dem Zollbeamten Egon H., erfuhr ich folgendes: Bei einer Fußstreife im Waldgebiet „Krötensee" fand er ca. 300 m von der Grenze entfernt auf bayerischem Gebiet ein Streifenführerkontrollbuch der NVA-Grenztruppen. So ein Kontrollbuch hatte nur ein Streifenführer dabei, denn in dem waren Funkrufnamen und verschlüsselte Texte der Streifen usw. aufgeführt, die keinesfalls in die Hände des „Klassenfeindes" gelangen durften.

Warum der DDR-Grenzsoldat dieses geheime Buch auf bayerischer Seite verloren hat und weshalb er überhaupt die Grenze überschritt, dazu kann man nur spekulieren. Evtl. handelte es sich um eine missglückte Flucht und der Grenzer rannte dem Flüchtling hinterher und zerrte ihn wieder in die DDR zurück, wobei der sein Streifenbuch verlor. Jedenfalls war damit wieder bewiesen, dass die Soldaten der DDR-Grenztruppe, wenn von unserer Seite keine Streifen in der Nähe waren, die Grenze zu Bayern überschritten, Flüchtlinge verfolgten, auf bayerischem Boden festnahmen und wieder zurück in die DDR zerrten.

Spähtrupp der Grenztruppen schleicht sich auf bayerisches Gebiet

In den Sommerferien 1982 fuhr mein 14 jähriger Sohn mit seinem besten Freund Markus R. mit ihren Fahrrädern an die Zonen-Grenze, um dort im Wald ein „Häuschen" zu bauen. Für dieses Vorhaben nahmen sie eine Axt, Säge, Hammer, Zange und was man sonst noch so braucht, mit. Als bester Ort bot sich ihnen ein Waldstück bei der ehemaligen Buttermühle bei Lichtenberg an. Etwa nur 50 Meter vom Grenzbach Thüringer Muschwitz entfernt. Direkt gegenüber in ca. 200 Meter Entfernung befand sich ein ständig besetzter und mit Ästen getarnter Erdbunker der DDR-Grenztruppen.

Nachdem sie schon einige Tage mit ihren Werkzeugen schwache, dürre Bäume gefällt hatten und dabei nicht gerade geräuschlos waren, wurden natürlich auch die in ihrem Erdbunker gegenüber liegenden Grenzposten auf sie aufmerksam. Da diese Grenzer wegen des dazwischen liegenden Minengürtels selbst nicht nachschauen konnten, verständigten sie ihre Grenzkompanie in der Ortschaft Schlegel/Thür. von den „verdächtigen" Klopfgeräuschen aus dem Wald. Vermutlich meldeten sie den Verdacht, dass dort von bayerischen Grenzern oder Zöllnern ebenfalls ein Unterstand gebaut würde, was ja hätte sein können, da tatsächlich entlang der Zonengrenze in bestimmten Abständen aus Holz gebaute Häuschen der Zöllner standen, wo sie sich bei schlechtem Wetter unterstellen konnten.

Eines Tages, die beiden Kinder waren wieder voll bei ihren „Bauarbeiten", standen plötzlich direkt hinter ihnen sechs bis acht Soldaten der DDR-Grenztruppe in Tarnuniform und fotografierten sie und ihr fast schon fertiges „Häuschen". Die Kinder waren derart erschrocken, dass sie sogar ihre neuen Fahrräder liegen ließen und zwei Kilometer weit bergauf nach Lichtenberg rannten. Von einer öffentlichen Telefonzelle aus verständigten sie schwer atmend dann unsere Grenzpolizeistation, wo ich mich gerade im Dienst befand, von dem „Grenzzwischenfall".

Nachdem ich ihnen gesagt hatte, dass sie bei der Telefonzelle warten sollten, fuhr ich mit einem Kollegen dorthin, lud die beiden in den Dienstwagen ein und fuhr zur Grenze. Zuvor hatte mein Dienststellenleiter noch gesagt: „Das glaube ich nicht, dass die DDR-Grenzer bayerisches Gebiet betreten, das sind Hirngespinste der Kinder". Natürlich waren bei unserem Eintreffen am Grenzbach die Soldaten wieder durch die Muschwitz auf DDR-Gebiet zurückgeschlichen und weit und breit war niemand zu sehen. Doch dann sagte mein Sohn: „Vati, die haben unsere Zange mitgenommen, die lag hier am Waldboden bei unserem „Häuschen". Aber ihre beiden Fahrräder waren doch noch da.

Gemeinsam gingen wir zurück zum Dienstwagen und ich rief noch über die Grenze: "Es ist traurig, dass ihr schon so arm seid, dass ihr meine Zange „klauen" müsst". In diesem Moment wackelte das hohe Gras vor dem Streckmetallzaun und es standen die Soldaten des Spähtrupps auf und liefen durch ein Tor im Zaun zurück in Richtung Landesinnere und ich fühlte mich wieder bestätigt, dass die DDR-Grenzer doch bayerischen Boden betreten, wenn die „Luft" rein ist.

Anzumerken ist, dass die Soldaten durch ein versperrtes Tor gekommen waren und dort auch keine Minen lagen. Solche Tore waren in bestimmten Abständen eingebaut, damit die Angehörigen der Grenztruppen bei missglückten Fluchten den Flüchtling aus dem Todesstreifen zurückholen konnten, oder auch für Grenzaufklärer, die ebenfalls einen Schlüssel dafür hatten. Der einfache Soldat musste hinter dem Streckmetallzaun laufen und hatte natürlich keinen Schlüssel für das Tor, denn da bestand ja die Gefahr, dass er auch flüchten könnte.

Vermutlich haben die Soldaten des Spähtrupps bei ihrer Rückkehr in ihrer Kaserne freudestrahlend dem Kompaniechef ihr Beutestück, meine Zange, gezeigt. Worauf dieser wahrscheinlich nicht so erfreut war, denn am nächsten Tag fand eine Streife des Bundesgrenzschutzes meine Zange wieder auf bayerischem Gebiet, abgelegt auf einem Schlagbaum, unmittelbar am Grenzbach Muschwitz. Da es nicht alltäglich war, dass eine BGS-Streife so einen Gegenstand während der Streife findet, machten sich die jungen Grenzschützer so ihre Gedanken und stellten sie vorsorglich erst einmal sicher und nahmen sie mit in ihre Kaserne nach Bayreuth, denn die Zange könnte ja bei einer noch nicht bekannten oder missglückten Flucht liegen gelassen worden sein.

Am nächsten Tag ging bei unserer Grenzpolizeistation ein Fernschreiben des Bundesgrenzschutzes Bayreuth ein, in dem von dem Zangenfund an der Grenze bei Lichtenberg berichtet wurde und mit der Bitte, ob bei uns bezüglich einer Flucht etwas bekannt sei. In meinem Antwortfernschreiben teilte ich der dortigen Einheit mit, dass es sich bei dem Fund um meine Zange handelt, die von den DDR-Grenzern mitgenommen und anschließend wieder auf den Schlagbaum zurückgelegt wurde. Einige Tage später besuchte mich eine BGS-Streife auf unsere Dienststelle und übergab mir meine Zange. So endete die Rundreise einer bayerischen Zange über den Todesstreifen in die DDR und wieder zurück.

Flüchtling wird durch Mine der Fuß abgerissen und bleibt im Todesstreifen schwerverletzt liegen

Manche Flüchtlinge hatten großes Glück und überwanden den Todesstreifen unverletzt. Aber andere hatten keinen Schutzengel bei sich und blieben schwer verletzt im Minengürtel liegen oder wurden evtl. getötet. Von einem getöteten Flüchtling in unserem Dienstbereich ist mir aber nichts bekannt.

Jedoch erzählten mir meine Kollegen, dass im September 1963 in finsterer Nacht im Waldgebiet „Krötensee" ein Lehrer mit seinen zwei ca. 10 bis 12 Jahre alten Kindern bei der „Neundorfer Sperre" versucht hat, den Minengürtel zu überwinden. Dabei ging eine Mine hoch, riss ihm den Fuß ab und er blieb schwer verletzt liegen. Seine unverletzten Kinder schickte er weiter und bat sie, in der nächsten Ortschaft Hilfe zu holen. Nach mehreren Kilometern und Umherirren im Wald, kamen die Kinder zu der Straße Langenbach-Heinersberg, wo sie dem Autofahrer Erwin H. auffielen.

Nachdem sie dem Autofahrer erzählt hatten, dass ihr Vater bei der Flucht schwerverletzt im Minengürtel liegen geblieben ist, nahm er die Kinder auf und fuhr mit ihnen nach Bad Steben zur Grenzpolizeidienststelle und lieferte sie dort ab. Zusammen mit dem Autofahrer, der die Kinder aufgelesen hatte, und dem Landarzt, Dr. Konitzer, fuhr eine Streifenbesatzung mit zwei Kollegen in das Waldgebiet zurück. Dort mussten die Kinder erst einmal wieder die Grenzübertrittstelle finden, was in der Nacht nicht einfach war, und die Grenzer dorthin lotsen, wo ihr verletzter Vater lag.

Dieser hatte sich in der Zwischenzeit mit seinem Hosengürtel den blutenden Beinstumpf selbst abgebunden. Durch die Explosion waren auch die DDR-Grenztruppen auf die Flucht aufmerksam geworden und liefen in Richtung des Explosionsortes. Da sie selbst aber nicht zu dem Verletzten in den Minengürtel gehen konnten, riefen sie dem Mann zu, er solle wieder auf DDR-Gebiet zurückkehren. Als dann unsere Grenzer eintrafen, teilten sie über Außenlautsprecher mit: „ Hier ist die bayerische Grenzpolizei" und die Grenzer der Grenztruppe schossen mit ihren Kalaschnikows in die Luft und riefen dabei mehrmals: „Betreten Sie nicht unser Hoheitsgebiet lassen Sie den „Grenzverletzer" liegen". Der Beamte der Bayerischen Grenzpolizei Alfred F. fasste sich aber ein Herz und robbte unter Lebensgefahr trotzdem zu dem Verletzten und zog ihn auf bayerisches Gebiet herüber. Dort wurde der Flüchtling sofort von dem anwesenden Arzt notversorgt und dann mit dem Dienstwagen in das Kreiskrankenhaus nach Naila verbracht, wo er dann operiert und weiter ärztlich versorgt wurde. Nach einigen Jahren besuchte dieser ehemalige Flüchtling wieder die Grenzpolizeistation Bad Steben und bedankte sich bei den Beamten für seine Rettung. Dabei erzählte er, dass er in Westdeutschland wieder als Lehrer arbeitet und seine Wunden wieder gut verheilt seien.

DDR-Grenzer erschießt italienischen Lkw-Fahrer

Am 5. August 1976 fuhr der italienische Lastwagenfahrer Benito Corghi auf der A9 aus Richtung Berlin kommend zum Grenzübergang Hirschberg der DDR und fuhr nach der anstandslosen Abfertigung weiter zum Grenzübergang Rudolphstein. Dort angekommen wurde ihm von einem nachgekommenen Lkw-Fahrer mitgeteilt, dass er bei der Kontrolle in der DDR „Papiere" zurück gelassen hatte. Um seine Unterlagen zu holen, ließ er seinen Lkw in Bayern stehen und ging zu Fuß bei starkem Nebel über die Saalebrücke zurück und ging auf den ersten Kontrollpunkt in der DDR zu. Dort schrie ein Grenzsoldat den arglosen Italiener an, sofort stehen zu bleiben. Da dieser die Aufforderung nicht verstand und sich umdrehte und wieder zurück in Richtung des bayerischen Grenzüberganges Rudolphstein rannte, machte der Grenzsoldat der DDR von der Schusswaffe gebrauch und traf den Lkw-Fahrer in den Rücken, worauf dieser innerhalb weniger Minuten verstarb.

In der Presse konnte man lesen, dass die italienische Regierung scharf protestierte und der erschossene Italiener Corghi sogar Mitglied der Kommunistischen Partei Italiens war, worauf sich die DDR auch entschuldigte. In der westlichen Presse wurde dieser Vorfall wochenlang empört debattiert. Am 11. August 1976 äußerte sich die Witwe des Getöteten in der Zeitung „Die Welt": „Was geschehen ist, ist das Ergebnis einer absurden und unannehmbaren Art, Sozialismus zu verteidigen. Wir, meine Kinder und ich" sagte sie weiter, die ebenfalls eine Kommunistin war, „haben einen Preis bezahlt, der hoch, zu hoch ist. Man verteidigt den Sozialismus nicht mit Morden."

Die Menschen in der damaligen DDR und auch die einfachen Grenzsoldaten der NVA Grenztruppe die ja nur ihre Wehrpflicht ableisteten, betrachtete ich nicht als Feinde, sondern als unsere deutschen Brüder und Schwestern. Im Gegensatz dazu wurden in der DDR schon die Kleinkinder im Kindergarten so erzogen dass wir für sie der „Klassenfeind" waren.

Nach mehr als 42 Jahren geleisteten Polizeidienst und acht Beförderungen bis zum Hauptkommissar sollte ich mit dem 60. Lebensjahr im Jahr 2005 in Pension gehen (die Lebensarbeitszeit bei der Polizei endet allgemein mit Vollendung des 60. Lebensjahres). Da ich aber mit Leib und Seele „Gendarm" war, stellte ich einen Antrag auf Verlängerung der Lebensarbeitszeit um 1 Jahr. Nach Genehmigung des Antrages wurde ich dann im Mai 2006 in den verdienten Ruhestand versetzt.

Mit Blick auf die damalige Situation war es eine gute Entscheidung, dass ich zur Polizei gegangen bin. Ich bin zufrieden, ich bereue es nicht. Mir hat mein Beruf Spaß gemacht. Man kam mit vielen Leuten zusammen und konnte einiges erleben. In meinem erlernten Beruf als Metzger wäre ich sicher niemals so zufrieden gewesen.

Wenn man jetzt aus dem Ruhestand heraus verfolgt, welches Ansehen die Polizei heute genießt oder wie der Polizeinachwuchs arbeitet, denke ich an meinen Ausbilder, dessen Wahlspruch war: "Nichts ist so gut, dass es nicht noch verbesserungsfähig wäre". Früher war halt der Polizeibeamte eine Respektsperson, den man schon von weitem gegrüßt hat. Ich bin deshalb auch nicht traurig darüber, dass mein Sohn kein Polizist geworden ist, sondern als Beamter im Rechenzentrum der Deutschen Bundesbank in München angestellt ist.

URKUNDE

Gemäß Art. 55 Abs. 6 des Bayerischen Beamtengesetzes tritt
Herr Polizeihauptkommissar

Otto Oeder

mit Ablauf des Monats Mai 2006
nach 1-jähriger Verlängerung
in den Ruhestand.

Für die dem Freistaat Bayern geleisteten Dienste
spreche ich ihm den Dank
der Bayerischen Staatsregierung aus.

Bayreuth, 3. Februar 2006

FÜR DEN BAYERISCHEN STAATSMINISTER
DES INNERN
DAS POLIZEIPRÄSIDIUM OBERFRANKEN

Bauer
Polizeipräsident

Dankesurkunde des Freistaates Bayern für
geleistete Dienste und Verabschiedung in den
Ruhestand nach genehmigter einjähriger Verlängerung der Lebensarbeitszeit